홍어장수
문순득,
조선을 깨우다

홍어장수 문순득, 조선을 깨우다

조선 최초의 세계인 문순득 표류기

서미경 지음

북스토리

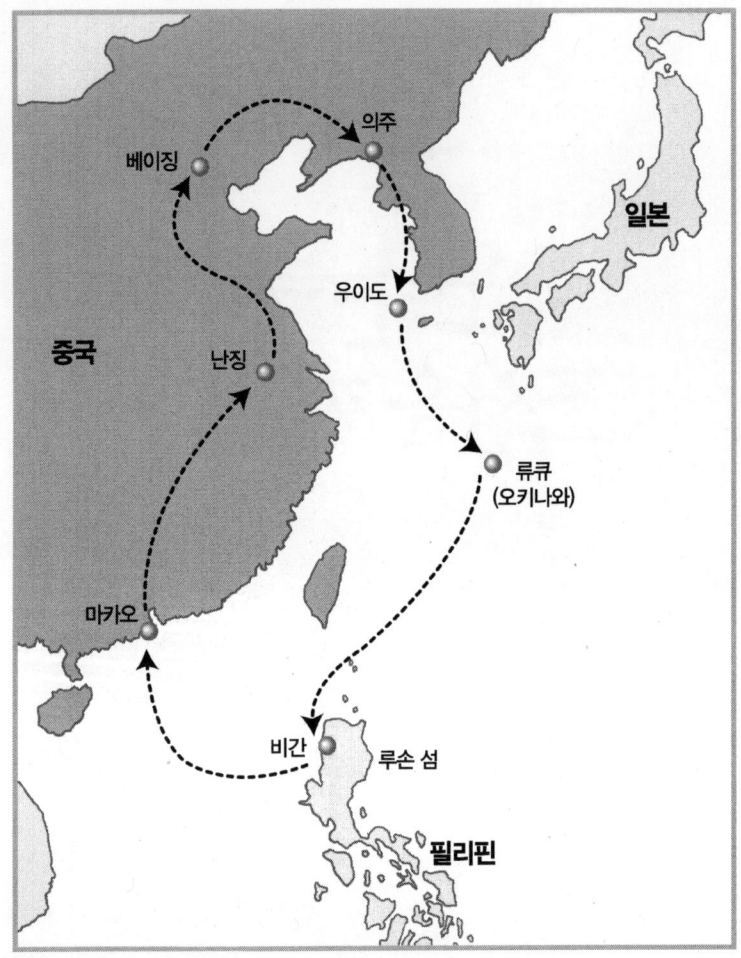

문순득의 표류 여정(음력 기준)

1801년 12월 우이도에서 홍어를 사러 태사도로 출발.
1802년 1월 18일 태사도에서 돌아오는 중에 바람을
만나 표류 시작.
1월 29일 류큐(오키나와) 표착.
4월 4일 나하 시에 도착해 체류.
10월 7일 류큐 조공선을 타고 중국으로 출발.
표류.
11월 1일 필리핀 루손 섬 표착.

1803년 8월 28일 마카오 상선을 타고 비간 시에서
출발.
9월 9일 마카오에 도착해 12월 7일 육로로
이동 시작.
1804년 4월 14일 난징 경유.
5월 19일 베이징에 도착해 11월까지 체류.
12월 16일 한양 도착.
1805년 1월 8일 고향 우이도에 도착.

들어가는 말

비가 오면 생각나는 그 사람, 문순득

제주도로, 일본 오키나와로, 필리핀으로, 마카오로, 200여 년 전 문순득이 휩쓸려간 그 표류길을 쫓아가던 우리에게는 늘 비가 동행했다. 그리고 그 비는 결코 온순하지 않았다. 오키나와항에 들어서던 날, 비는 거친 물살로 밀려와서 우리 카메라를 급습했다. 황급히 다른 카메라를 한국에서 공수해야 했다. 필리핀에서는 촬영 일정 내내 비가 내렸다 갰다를 반복했다. 카메라가 습기를 머금어 멈춰버려, 생전 처음 가본 낯선 나라의 시골 마을을 뒤졌다. 헤어드라이어라도 빌려서 카메라를 말려야 했기에. 마카오에서는 장대비가 퍼붓더니, 마침내 우박으로 쏟아져 내렸다. 차량 시내 주차가 금지돼 있어 따로 비를 피할 데가 없었다. 사람은 젖어도 카메라는 젖게 둘 수 없는 일이라, 카메라 감독은 13킬로그램이나 되는 무거운 카메라를 손에

든 채 비를 피해서 이리 뛰고 저리 뛰는 중노동을 감내해야 했다. 우리끼리 농담으로 그랬다. 우리도 표류하는 거라고. 어찌 문순득의 그 죽음을 넘나들던 힘든 표류 여정에 비할까마는 여하튼 순탄치 않은 촬영 과정이었다.

문순득의 고향 우이도에서 촬영 일정을 마무리하던 날도 역시 비가 내렸다. 그러나 그 비는 사납지 않았다. 200여 년의 세월을 지나 그 옛날 표류길을 물어물어 뒤따르며 함께한 우리의 수고를 위로하는 단비였다.

이제 갓 혼인을 해 새색시를 맞아들인 스물다섯 살의 청년이 한겨울 바다에서 태풍을 만나 표류를 당했다. 배를 부리고 나선 곳은 고향에서 멀지 않은 바다. 금방 다시 돌아올 줄 알았기에 아무런 준비도 없었다. 그렇게 산 같은 파도와 살을 찢는 겨울바람과 죽음보다 더한 갈증과 배고픔 속에서 청년은 우리 해양 사상 최장 기간 최장 거리의 표류 여정을 시작했다. 그는 홍어 장수였다. 사농공상 신분이 유별난 세상에서 가장 밑바닥 인생이었다.

한편 조선 시대에 섬은 유배지였다. 권력 투쟁에서 밀리고 임금의 눈 밖에 난 선비들은 다시는 돌아올 기약 없는, 죽음보다 더한 고독의 땅인 섬으로 유배되었다.

그 섬에서 천하디천한 신분인 젊은 홍어 장수와, 권력과의 불화로 세상의 끝으로 등 떠밀린 한 선비가 만났다. 그들은 첫눈에 서로를 알아보았다. 두 사람의 눈빛은 세상을 향한 소리 없는 포효처럼 형형하게 살아 있었다. 젊은 홍어 장수가 3년 2개월에 걸친 긴 표류를 마치고 고향 우이도로 돌아왔을 때 누구보다도 그를 반긴 사람은 바로 그 유배당한 선비였다. 그 선비에게 홍어 장수 문순득은 기막힌 이야기들을 들려주었다. 날로 병들어가는 세상을 바로잡을 생각은 전혀 하지 않은 채 백성들의 고혈을 빨면서 탐욕과 아집에 눈멀어 나라 밖 세상에는 빗장을 단단히 질러버린 이 땅의 양반들은 흉내 낼 수도 없는 놀라운 모험담이었다.

문순득은 표류 과정에서 외국의 원주민들과 격의 없이 어울리고, 그들의 말을 배우고, 그들의 집에 초대되어 친구처럼 스스럼없이 지냈다. 그것은 그가 양반이 아니었기에 가능한 일이었다. 조선의 양반들은 중국보다 더 중국스러운 소중화주의자들이었다. 중국이 아닌 다른 나라는 충분히 무시해버려도 되며, 그들의 문물이 아무리 경이롭고 신기하다 해도 중국을 뛰어넘을 수는 없다고 굳게 믿어 의심치 않았다. 중국이 아닌 다른 모든 나라에는 귀를 닫고 눈을 감았다. 그런 양반들이 생면부지의 오랑캐 나라에 표류했다면 어떠한 행동을 보였겠는가. 문순득처럼 오랑캐 나라의 말을 배우고, 오랑캐 나라 사람들의 집에 찾아가고, 오랑캐 나라에서 스스로 일을 해 밥벌이를 하려고 과연 생각이나 해봤을 것인가.

어쩌면 문순득은 정약전의 분신과 같은 존재였다. 유배된 신분으로 섬 안에 갇혀 꼼짝 못 하는 자신을 대신해 그 험하고 먼 바다를 헤쳐내고 다른 세상을 두루 살피고 돌아온 대리인. 그 젊은이에게 정약전은 '하늘 아래 최초의 세계 여행자'라는 뜻으로 천초(天初)라는 이름을 지어주었다. 그리고 그의 생생한 표류담에 때론 탄성을 내뱉고 때로는 무릎을 치면서 거침없이 글을 써내려갔다. 그 기록이 「표해시말」이다. 스물다섯 살의 홍어 장수는 실학과 천주학으로 여문 깐깐한 조선 선비를 그렇게 흔들어놓았다.

문순득의 표류 경험은 이에 그치지 않고 정약용의 『경세유표』에 인용되었고, 정약용의 수제자인 이강회의 「운곡선설」을 낳았으며, 우이도에 있는 문순득의 집은 실학의 산실이 되었다.

그때 그 섬에, 그 바다에 문순득이 있었음이 얼마나 다행인가. 그리고 절해고도의 작은 섬의 한낱 홍어 장수를 업신여기지 않고 존중하며 마음을 나눠 귀한 인연을 맺은 그 실학자들은 또한 얼마나 고마운가.

문순득의 이야기를 이렇게 책으로 펴내기까지 많은 이에게 도움을 받았다. 묵묵히 힘든 촬영 일정을 함께해준 김수진 촬영감독, 언제나 웃는 얼굴의 오디오맨 마성진, 반짝이는 아이디어와 재치로 엔도르핀을 샘솟게 한 후배 김해룡 프로듀서, 박은영 작가, 고향 오키나와를 취재하는 일에 발 벗고 나서준 히로시마대학의 다와타 신이치로 교수, 90의 연세에도 총기와 꼿꼿함을 잃지 않던, 문순득의 후손 문채옥 어르신, 취재길에 동행한 목포해양대 학생들과 신안문화원 최성환 사무국장, 제작비를 선뜻 내준 신안군 박우량 군수, 그리고 인터뷰에 응해준 국내외 많은 분과 동료, 선후배, 출판사 여러분, 거친 글을 다듬어준 최미연 씨, 마지막으로 천방지축인 나를 언제나 묵묵히 지켜봐주는 남편과 가족, 특히 날마다 순간마다 새로운 기적을 선물하는 막내딸 영채에게 고마운 마음을 전한다.

항상 고맙고, 사랑합니다.

서미경

| 차례 |

들어가는 말 · 5

1. 최초의 필리핀어 통역사 문순득 · 13
바다 귀신 · 18
막가외, 막가외 · 22
청나라로, 다시 제주로 · 27
동병상련의 눈물 · 30

2. 동방의 마르코 폴로를 찾아서 · 35
영산강 물길 따라 삭혀진 흑산도 홍어 · 37
서남 해역의 중계지에서 유배의 섬으로 · 42
돌아오는 사람들, 다시 살아나는 섬 · 48
정약전과 〈율정별〉 · 53
조선의 실학자, 홍어 장수를 만나다 · 58

3. 최장 기간, 최장 거리의 표류가 시작되다 · 61
공포의 망망대해 · 65
항해와 표류 · 68
어떤 사람들이 표류했을까 · 71
표류는 많았다, 기록되지 않았을 뿐 · 79
노도의 바다 추자도 해역 · 81

4. 살았다, 뭍이 보인다! 93

류큐 – 슬픔의 섬 오키나와 · 96
한반도의 외교를 방해한 왜구 · 102
대도, 그리고 친절한 류큐 사람들 · 108
조선-류큐 송환 체계 · 116

5. 조선을 닮은 나라 류큐 · 123

류큐로 간 삼별초와 홍길동? · 127
일본어와는 다른 류큐어 · 131
오키나와어 사전 「표해시말」 · 134
류큐인들의 삶을 엿보다 · 139
류큐의 토산물 – 고구마와 뱀술 · 148

6. 또다시 표류하다 – 아무도 모르는 나라 · 155

류큐 조공선을 타고 푸젠 성으로 · 157
아무도 모르는 나라, 여송 · 163
정복자들이 지어준 이름, 필리핀 · 169
세상 어떤 곳과도 같지 않은 도시 · 172
작은아버지와 헤어지다 · 176

7. 고달픈, 그러나 신기한 여송살이 · 185

노끈을 꼬아 여송인들에게 팔다 · 187
처음 보는 성당, 익숙한 닭싸움 · 191
여송 사람들의 일상 속으로 · 194
신기한 식사 풍경 · 201
필리핀 전통문화 백과사전 · 206

8. 돌아갈 길이 열리다 · 211

아시아의 유럽, 마카오 · 217
바다의 여신 마조 · 220
마카오에서 찾은 문순득의 표류 기록 · 222
뱃사람의 눈을 사로잡은 조선술 · 230
마카오의 화폐 제도와 『경세유표』 · 235

9. 그리운 고향으로 · 241

하늘 아래 최초 세계 여행자, 천초 · 247
다산 선생이 지어준 아들 이름 · 250
손암과의 영원한 이별 · 253
강진에서 찾아온 귀한 손님 · 258
최초의 외국 선박 논문 「운곡선설」 · 263
실학의 산실, 문순득의 우이도 · 271

참고 자료 · 276

1

최초의 필리핀어 통역사
문순득

1809년 겨울, 제주 당포항으로 돛배 한 척이 바람을 가르며 미끄러져 들어왔다. 배 위에 선 사람은 서른세 살의 건장한 사나이 문순득(文順得)으로, 그는 흑산도에서 홍어를 사다가 나주 시장에 내다 파는 중개상인이었다. 흑산도 상인이 먼 바닷길을 헤치고 제주 당포항에 나타난 사연은 무엇일까?

조선 시대에 흑산도는 뭍사람들에게 살아서 돌아올 수 없는 유배지로나 알려진 변빙의 섬이었다. 그 흑산도의 일개 홍어 상인 이름이 『조선왕조실록』에 등장한다. 문순득을 소개한 순조 9년(1809) 6월 26일의 기사는 '여송국(呂宋國)의 표류민을 송환하라 명하다'라는 제목으로 시작한다.

여송국의 표류민을 성경(盛京, 선양)에 알려 본국으로 송환하게 하라고 명했다. 이에 앞서 신유년(1801) 가을 이국인 5명이 표류해 제주에 도착했는데, 알아들을 수 없는 오랑캐들 말을 써서 무엇이 어떻게 되었다는 것인지 분별할 수가 없었다.

여송국은 필리핀을 말한다. 필리핀의 가장 큰 섬인 루손 섬의 루손을 예전에는 한자음으로 표기해 여송이라 불렀다. 그러니까 필리핀에서 조선으로 표류한 사람들을 중국 성경을 통해 고향으로 돌려보내게 했다는 내용이다.

1801년 가을 어느 날, 낯선 나라 사람 5명이 표류해 제주에 왔다. 대체 어느 나라 사람이고 어떤 사연으로 제주까지 휩쓸려 왔는가를 물었는데 처음 듣는 언어라 알아들을 수가 없었다. 그리고 무려 8년 후 여송국이라는 나라에 표류하고 돌아왔다는 문순득이라는 사람이 나타나서 그 표류민들이 다름 아닌 여송국 사람임을 확인해주었다.

문순득은 1777년에서 1847년까지 조선 후기를 살았던 인물로 본관은 나주 문씨. 실록의 기사를 계속 보자.

이때에 이르러 나주 흑산도 사람 문순득이 표류되어 여송국에 들어갔었는데, 그 나라 사람의 생김새와 옷차림을 보고 그들의 방언을 또한 기록하여 가지고 왔다. 그런데 표류되어 머무는 사람들의 생김새와 차림이 대략 이와 비슷했으므로, 여송국의 방언으로 문답하니 구구절절이 딱 들어맞았다. 그리하여 미친 듯이 바보처럼 정신을 못 차리고서 울기도 하고 외치기도 하는 정상이 매우 딱하고 측은했다. 그들이 표류되어 온 지 9년 만에야 비로소 여송국 사람임을 알게 되었는데…….

이렇게 해서 필리핀 표류민들은 고향에 돌아갈 수 있게 되었다. 제주에 표류한 지 햇수로 9년, 문순득이 아니었다면 영영 고향으로 돌아가지 못한 채 그리움의 세월만 보내다가 이방인의 땅에서 생을 마감해야 했을 것이다. 그런데 필리핀 사람들은 어쩌다가 제주로 오게 되었을까?

필리핀 표류민들의 사연은 조선 후기의 학자 정동유(鄭東愈)가 쓴 『주영편(晝永編)』에 꽤 자세히 실려 있다.

신유년 8월, 제주 당포 바닷가에 큰 배가 닿더니 낯선 사람 5명을 내려놓고는 대포를 한 방 쏜 다음 재빨리 달아나버렸다. 그 5명은 옷차림과 생김새가 매우 괴이했다. 4명은 머리를 삭발했고, 1명은 앞만 깎고 뒤는 땋아 늘어뜨려 검은 비단으로 머리끝을 묶었다. 몇몇은 귓바퀴에 구멍을 뚫은 흔적이 있었다. 머리털은 깎았으며 다시 나는 것은 양털처럼 꼬불꼬불 말렸다. 머리 위에는 검은 등으로 만든 갓을 썼는데, 물고기를 굽는 번철 같았다. 몸에는 적삼이나 마고자를 둘렀다. 그 천은 짐승 털로 짠 것도 있고 성긴 무명도 있었다. 아래는 바지를 입었는데, 허리에 주름을 잡아 색실로 꿰매어 잡아맸다. 옷 색깔은 각각 푸른색, 붉은색, 누른색, 흰색이어서 서로 달랐다. 옷의 폭은 매우 좁아서 겨우 팔다리를 꿰어 넣을 정도였다. 말소리는 왜가리가 시끄럽게 지절대는 듯해 알아들을 수 없었다. 역관이 글자를 써 보였지만 알지 못했다. 목에는 모두 염주를 걸었으나 발에는 버선이나 신발이 없고 직접 흙을 밟고 다니는데,

그 발은 짐승의 굽과 다름이 없었다. 그중 2명은 전신이 새까맣기가 옻칠한 듯했고, 생김새가 팔이 긴 원숭이 같았다.

바다 귀신

그들 5명의 생김새와 차림새는 조선 사람들에게는 신기하기만 했다. 대체 어느 나라 사람인지 물어보니 손짓 발짓 섞어가며 답을 하는데, 도무지 알아들을 수 없는 말이었다. 게다가 그중 둘은 얼굴과 온몸이 옻칠한 듯 새까맸다. 아무래도 귀신이지 사람은 아니리라 싶었는지 사람들은 이들을 해귀(海鬼) 또는 흑체국인(黑體國人)이라 했다.

해귀, 글자 그대로 풀어보면 바다 귀신이다. 사람인지 귀신인지 분간이 가지 않는 바다 너머 저 멀리서 온 이방인들. 해귀가 조선 땅을 밟은 것은 사실 이보다 훨씬 오래전 일이었다. 임진왜란 휴전 교섭이 결렬된 후 정유재란으로 온 나라가 또다시 왜군에 유린당하게 되자, 조선은 명나라에 원군을 요청했다. 1598년 5월, 선조는 명나라의 장수 팽신고(彭信古)의 처소에 들렀다.『조선왕조실록』의 기사를 보자.

임금이 팽신고의 처소에 행행하여 술자리를 베풀었다. 임금이 "대인은 서울에 계시겠소이까, 아니면 남하하시겠소이까?" 하니 유격

(遊擊, 팽신고의 직위)은 "한 달 후에 남하하고자 합니다" 하고 또 말하기를, "얼굴 모습이 다른 신병들을 데려왔는데 나와서 뵙게 하겠습니다" 했다. 임금이 "어느 지방 사람이며 무슨 기술을 가졌소이까?" 하니 유격은 "호광(湖廣)의 남쪽 끝에 있는 파랑국(波浪國) 사람들입니다. 바다 셋을 건너야 호광에 이르는데, 조선과는 15만여 리나 떨어져 있습니다" 했다.

파랑국은 포르투갈을 가리킨다. 그리고 파랑국에서 온 신병이란 당시 포르투갈령 마카오에 거주하던 포르투갈 수병으로 추정되는데, 이들을 실록에서는 다음과 같이 해귀라 했다.

일명은 해귀다. 노란 눈동자에 얼굴빛과 온몸이 검다. 턱수염과 머리카락은 고불거리고 검은 양털처럼 짧게 꼬부라졌다. 이마는 머리가 벗어졌는데 힌 필이나 되는 누른 비단을 반도(磻桃, 3천 년에 한 번 열린다는 복숭아)의 형상처럼 서려 머리 위에 올려놓았다.

난생처음 보는 해괴한 생김새에다 차림새까지 범상치 않았으니 선조 일행이 얼마나 놀랐을지 짐작할 수 있다. 그런 임금의 표정을 보면서 팽신고는 이렇게 자랑한다.
"이 사람들은 조총을 잘 쏘고 여러 가지 무예를 지녔습니다."
이어지는 팽신고의 과장된 자랑에 사관은 '해귀는 바다 밑에 잠수하여 적의 선박을 공격할 수도 있고, 여러 날 물속에 있으면서 물고기를 잡아먹을 줄도 안다'고 덧붙였다. 실로 해군 특수전 여단의 수중 폭파 부대를 능가하는 엄청난 전투력의 소유자로 표현한 것이다.

그러자 선조는 이렇게 화답했다.

"조선은 한쪽 구석에 있으니 어디 이런 신통한 능력을 지닌 병사를 볼 수 있겠소이까. 지금 대인의 덕택으로 이를 보니 이 또한 황제(명나라)의 은혜가 아닐 수 없소이다. 이제 저 흉적을 섬멸하는 날을 손꼽아 기대할 수 있겠소이다."

그러나 선조의 기대와 달리 이들 해귀가 혁혁한 공을 세워 왜적을 물리치는 데 큰 역할을 했다는 기록은 실록에 없다.

한편 해귀라는 호칭이 붙지는 않았지만 피부색 검은 이방인이 실록에 처음 등장하는 것은 또 이보다 훨씬 오래전의 일로, 태조 2년(1393)의 기사에서 볼 수 있다.

> 섬라곡국(暹羅斛國, 타이)에서 신하 장사도(張思道) 등 20명을 보내 소목(蘇木) 천 근, 속향(束香) 천 근과 토인 2명을 바치니, 임금이 두 사람에게 대궐 문을 지키게 했다.

그러니까 최초로 우리나라에 온 피부색 검은 사람은 태조 때 타이의 사신 장사도가 태조에게 바친 토인 2명이었고, 약 200년 후에 포르투갈에서 또 2명이 명나라의 용병으로 왔다. 그리고 다시 200여 년이 흐른 뒤 변방의 섬 제주에 또 2명이 나타났다. 이들은 그렇게 어쩌다 한 번씩 나타나서 조선 사람들의 혼을 빼놓았다. 온몸에 옻칠을 한 듯 피부색이 검은 표류민들을 처음 마주친 제주 사람들은 아마 사람인가 귀신인가 싶어 꽁무니를 빼고 달아나기 바빴을 것이다.

사람이 아닌 것 같기는 하얀 피부에 키가 큰 서양인을 처음 보았을 때도 마찬가지였다. 1723년 제주의 김시위 일행이 일본에 표류했는데, 하루는 통사가 와서 네덜란드 사람들이 사는 남만관(南蠻館, 일본이 개항 후 나가사키에 마련한 네덜란드인을 위한 거주지)을 보여주었다. 김시위 일행은 그곳에서 '사람이라고는 도저히 믿기 어려운' 희한하게 생긴 사람들을 구경하게 되었다. 그들은 눈동자가 노랗고 코는 좁고 길고 높았다. 팔다리와 몸이 몹시 길고 컸는데, 키는 보통 사람 키보다 절반 가까이 더 크고 손가락은 정강이만 했다. 또한 누린내가 코를 찔렀다. 보통 사람과는 완전히 달랐다. 심지어 일본 사람들도 이들을 사람이라고 생각하지 않는다고 할 정도였다.

정조 19년(1795)에는 심흥영이 중국 베이징에 사신으로 갔다가 네덜란드 사람을 보고 놀랐다는 기록이 있다. 심흥영이 본 사람은 네덜란드에서 온 사신이었는데, 중국에서는 네덜란드를 하란(荷蘭)이라 했다. 심흥영은 임금에게 이렇게 보고한다.

"하란은 서양에 속하는 나라인데 연경(燕京, 베이징의 옛 이름)에서 9만 8천 리나 떨어진 데 있습니다. 그곳 사람들은 머리카락에 모두 분을 발랐으며 머리를 땋거나 상투를 틀지 않은 채 뒤쪽으로 꼬불꼬불하게 젖혀놓고 그 끝을 천 조각으로 묶어 아래로 늘어뜨렸습니다. 모자 쓴 것을 보자면 검은 모직물로 연잎 모양을 만들고 앞뒤로 모두 말려서 돌아가게 했는데 그 위에 하얀 깃털을 꽂았습니다. 그리고 부드러운 흰색 가죽으로 장갑을 만들어 양손에 끼고 다닙니다. 의복은 거의 모두 붉은색이고 간혹 검은색도 있으며 비단에 금실을 둘러 만들었습니다. 윗옷과 바지는 실로 꿰매지 않고 단추를 매달았는데 통이 매우 좁아 사지를 제대로 움직일 수 없을 정도였습니다. 또 붉은 모직물로 우리나라의 유삼(油衫, 겉옷 위에 걸치는 비옷의 일종) 같은 것을 만들어 몸 앞부분을 가리는데 손으로 안에서부터 잡아내어 가슴 앞부분에 대고 있습니다. 그러다가 황제가 행차하면 그것을 벗습니다. 대체로 그들은 눈이 깊이 들어가고 코가 튀어나와 생김새가 괴이했으므로 지나는 곳마다 사람들이 모두 둘러서서 웃고 떠드는 등 장관을 이루었습니다."

막가외, 막가외

다시 1801년 8월 제주 당포 해변, 온몸과 얼굴이 옻칠한 듯 새까만 표류민들을 보고 혼비백산한 제주 사람들은 정신을 추스르고 그들에게 물었다.

"너희는 대체 어디서 온 자들이냐?"

어느 나라 사람인지 알아야 돌려보낼 대책을 세울 것 아닌가. 그러나 그들은 말을 알아듣지 못했고, 다시 글로 써서 보여주면서 그

들의 나라 이름을 쓰게 했다. 그러나 실록에 따르면 그들은 단지
"막가외(莫可外)"라는 말만 되풀이할 뿐이었다. 정동유의 『주영편』
에도 똑같은 상황이 실려 있다.

> 5명에게 글자를 써 보였지만 알지 못했다. 붓을 주어 글씨를 쓰게
> 했더니 오른손으로 붓을 잡고 전자(篆字, 고대 한자 서체의 하나)도
> 아니고 그림도 아니고 실 같은 것을 써놓았다. 글씨를 쓰는 법도 왼
> 편에서 오른편으로 써나가는 것이 조선과는 판이했다.

 글씨를 써보라고 했더니 글자도 그림도 아닌 실 같은 모양만 끼
적이니 답답할 노릇이었다. 그래서 이번에는 역관이 그림을 그리고
손짓 발짓을 섞어가면서 어쩌다 표류하게 되었는지를 물었다.
 그들이 지닌 물건 가운데 구멍 없는 은전 50닢이 있었는데, 크고
작은 것 두 종류로 앞뒷면에 어지러운 실 같은 것이 가늘게 새겨져
있었다. 이것이 그들 나라의 글자인 듯했다. 그래서 비슷한 것을 인
용하고 비교해서 풀이하자 겨우 숫자와 방위, 물건을 분별해서 그
뜻을 소통할 수 있었다.
 그들은 남방의 백성으로, 30명이 배를 타고 장사하려고 화물을
싣고 가는 길이었다고 했다. 그러다가 5명이 작은 배에 타고 물을
긷기 위해 내려왔는데, 큰 배가 사나운 풍랑 때문에 머무를 수가 없
어서 그들을 버리고 갔다고 했다.
 이 정도의 의사소통도 대단하지 않은가? 말이 전혀 통하지 않아

입만 열면 왜가리가 짖는 것처럼 들리는 데다, 글씨 또한 조선의 필법과는 전혀 다르게 왼쪽에서 오른쪽으로 끼적거려서 실 같고 끈 같은 것을 죽 늘어놓는 낯선 사람들, 게다가 2명은 얼굴과 온몸이 옻칠한 듯 새까만 사람들과 이만큼의 대화를 나눌 수 있었다니. 상상해보라, 1801년 8월 태풍이 휩쓸고 간 제주 당포항 해변에서 조선의 관리들과 국적을 알 수 없는 남방의 표류민 5명이 연출했을 기이한 장면을.

이번에는 남방에서 왔다는 그들에게 남방에서 나는 식물의 열매인 빈랑(檳榔)을 보여주었다.

그들은 자기 나라 땅에 심는 것이라고 했다. 상아와 서각(무소 뿔)을 보이자 두 손으로 머리와 입을 가리키고 어금니와 뿔을 흉내 내면서 모두 자기네 나라에서 난다고 했다. 또 밥과 국, 물고기와 채소, 떡, 국수, 술, 장, 금, 은 등을 보이자 어느 것이나 자기네 나라에서 나는 것이라고 했다.

신통하게도 이름과 나이도 알아냈다.

다섯의 이름과 나이는 이렇다. 분안시 22세, 열리난두 25세. 안드러수 24세, 그리고 옻칠한 사람 둘은 32세의 마리안두와 33세의 꺼이단우였다. 까만 사람 둘에게 왜 그렇게 온몸에 옻칠을 했는가 물었다. 마리안두와 꺼이단우는 몸을 옻으로 칠한 것이 아니고, 본래 그렇게 타고났으며 자기네 나라에는 많다고 했다. 그러나 그네들이 어느 나라 사람인가는 알 수가 없었다.

그림까지 그려가면서 이렇듯 대화를 나눈 끝에 그들이 제주에 표류한 사연과 각자의 이름은 알아낼 수 있었다. 그런데 그들을 본국으로 돌려보내주려면 무엇보다 그들이 어느 나라 사람인지를 알아야만 했다. 하지만 표류민들은 오로지 "막가외, 막가외"라고만 되풀이해서 말할 뿐이었다.

세상천지에 나라라고는 중국과 조선, 일본만 있는 줄 알았다. 그 밖의 나라는 모두 오랑캐였다. 그러니 그들이 말하는 '막가외'가 곧 마카오라는 걸 알 까닭이 없었다. 하물며 표류민들이 필리핀에서 마카오까지 상선을 타고 다니는 뱃사람들이라는 걸 무슨 수로 알았겠는가.

이 문제는 급기야 어전회의까지 올라갔다. 그해 10월 28일 조정의 어전회의에서 대왕대비인 정순왕후가 물었다.

"제주에 배를 대고 표류해 온 사람들이 어느 나라 사람인지 알겠느냐?"

영의정 심환지가 대답했다.

"말이 분명하지 않고 문자 또한 괴이하며 복장도 해괴해서 어느 나라 사람인지 자세하게 알 수 없습니다."

"나는 사방의 나라는 문자가 같다고 알았다. 그런데 문자도 다르단 말인가?"

"왼쪽부터 횡서로 쓰는데, 그 글자 모양이 꼬부라져서 알 수 없다고 합니다."

이렇게 어전회의에서도 뾰족한 해결책이 나오지 않았다. 그런데 얼마 후 중국인 25명이 표류해 오는 일이 생겼다. 조선 조정은 청나라에 파견한 사절 편에 그 중국 표류민들을 돌려보내면서 국적 미상의 외국인 5명도 함께 보냈다. 아무래도 베이징에는 많은 나라 사신과 장사치가 모여드니, 중국으로 보내면 그들의 국적을 알아낼 수 있을 거라 생각한 것이다. 하지만 청나라 관원들도 그들을 내팽개치며 다시 조선으로 돌아가라 했다. 역시 국적을 알 수 없다는 이유였다. 결국 청나라는 이런 외교문서와 함께 그들을 조선으로 돌려보냈다.

조선에서 풍랑을 만나 표류한 난민 30명을 보내온 것을 근거로 해서 그 안에서 내지 사람 25명은 해당 지방관에게 문서를 보내 잘 타일러서 안치하게 했습니다. 나머지 5명 가운데 1명은 길에서 병으로 죽었습니다. 모두 먼 나라 오랑캐에 속해서 생김새와 옷이 다르고 언어도 통역할 사람이 없습니다. (…) 난민들이 이미 표류해서 조선에 닿았으니 가까운 이웃 나라에 관계될 것이므로 그들이 어느 곳에서 조난당했는지 반드시 기억할 것입니다. 수로의 방향으로 배와 식량의 비용을 도와주고 온 행방을 지시해서 그 나라 경계까지 보내준다면 비교적 순조롭고 편리할 것입니다. 국적을 알 수 없는 오랑캐 4명을 그대로 조선에 돌려보내니 즉시 전달하기 바랍니다.

국적 불명의 표류민들 중 1명은 중국으로 가다가 목숨을 잃었다. 고향에도 가지 못한 채 동료를 잃어 슬픔을 감당할 길 없는데, 희망을 품은 중국에서도 도저히 모르겠으니 다시 조선 땅으로 되돌아가라고 했다.

청나라로, 다시 제주로

그렇게 돌아오는 길, 한 걸음 한 걸음 내디딜 때마다 그 걸음이 얼마나 무겁고 힘겨웠을까?

조선 땅 제주에서 중국의 성경까지 낯설기만 한 머나먼 길을 왔건만, 그나마 그때는 고향으로 돌아갈 수 있으리라는 희망이 있었건만 그 희망은 절망으로 변해버렸고 이제 또다시 그 멀고 험한 길을 되짚어가야 했다.

4명이 제주로 돌아오자 제주 목사는 먹을 것을 내주면서 조선의 풍토와 언어를 익히라 했다. 하지만 쉬운 일이 아니었다. 동료 1명이 또 죽었다. 체질이 다르고 먹는 것도 다른 데다 고향으로 돌아간다는 기약도 없이 삶을 지탱했으니 체념과 한숨에 지쳤으리라. 이제 남은 사람은 3명뿐이었다.

그리고 5년이 흐른 1807년 8월, 제주 목사 한정운은 임금에게 상소를 올렸다. 그 내용은 표류한 여송국 사람들을 본국으로 송환해 달라는 것이었다. 벌써 그 이방인 5명이 표류해 온 지 7년째 되는 해였고, 그중 2명은 고향땅을 다시 밟지 못한 채 목숨을 잃었다.

제주 목사가 이들이 필리핀 사람들이라는 사실을 알게 된 것은 류큐(琉球, 유구)에서 표류해 온 사람들을 통해서였다. 백방으로 국적 불명의 표류민들을 돌려보낼 길을 찾던 제주 목사는 혹시 류큐인들이 그 방법을 찾아주지 않을까 싶어서 그들을 불러 대면시켰다. 그러자 류큐인들은 이렇게 말했다.

"임술년(1802)경에 중국인 32명과 조선인 6명이 류큐에 표류해 왔기에 배를 정해 양국의 표류민들을 중국 푸젠 성으로 호송했으나, 바다에서 큰바람을 만나 여송국으로 표류해 들어갔습니다. 그들은 그 나라에서 다섯 달을 머물렀으므로 그 나라 사람들을 대강 알게 되었고, 물길을 따라 푸젠 성으로 갔다가 다시 각각 본국으로 돌아갔습니다. 이제 이 사람들을 보고 그 말을 들으니 아마도 여송국 사람인 듯합니다."

나중에 더 자세한 내용을 살필 수 있겠지만, 이 류큐 표류민들은 문순득이 필리핀에 표류했을 때 같은 배를 탄 사람들로 류큐인이 말한 조선 사람 6명이 바로 문순득 일행이었다. 그 류큐인들은 필리핀으로 표류해 죽다 살아난 기억이 엊그제 같은데, 바다를 업으로 삼아야 하니 또다시 배를 타고 바다로 나갔다가 또 바람을 만나 조선의 제주로 표류해 온 것이다.

아무튼 제주 관리들은 여송국이라는 나라는 이름조차 들어본 적 없었다. 요즘 같으면 류큐인들의 진술을 토대로 당시 같이 표류한 조선 사람 6명을 찾아 확인해볼 수 있었겠지만, 그때는 조선 후기였다. 달리 방법을 찾지 못한 관리들은 여송이라는 나라가 있는지 없는지는 모르겠지만 류큐 상인들 말처럼 정말로 그런 나라가 있다면 그 표류민들을 류큐로 같이 데려가서 돌려보내달라고 부탁했다. 그런데 상인들은 다른 나라의 표류민을 실어 갈 수는 없다며 부탁을 거절했다. 이에 제주 목사가 임금에게 상소를 올려 하소연을 한 것이다.

　조정에서 이 일을 논의했지만 뾰족한 방법이 없었다. 그렇다고 무작정 중국으로 다시 보낼 수도 없었다. 그래서 류큐 상인들에게 다시 한 번 청을 넣어보라는 명이 내려졌다. 하지만 류큐 상인들은 이미 제주를 떠난 뒤였다.

　그렇게 2년이 더 흘렀다. 잠깐 식수 좀 길어 가려고 제주도에 올랐다가 남겨져서 서러운 타국살이를 해온 지 9년째였다. 그때 이들 앞에 문순득이 기적처럼 나타났다. 생김새와 옷차림을 보더니 단박에 자신들의 나라를 알아맞혔다.

　믿어지지 않았을 것이다. 게다가 자기네 고향땅에서 살다 왔으며, 자기들처럼 표류를 당해 갖은 고초를 겪었다고 했다. 류큐인들은 말이 잘 통하지 않았는데 이 조선 사람과는 문답하는 데 어려움이 없었다. 실로 9년 만에 말문이 트이니 실록의 기사처럼 '미친 듯이 바보처럼 정신을 못 차리고서 울기도 하고 외치기도' 한 것이 당연했다.

동병상련의 눈물

문순득은 어떻게 이 표류민들의 기구한 사연을 알게 되었을까? 참으로 기막힌 우연이다. 필리핀 사람들이 제주에 표류해 온 것도 1801년의 일이고, 문순득이 홍어를 사러 갔다가 처음 표류를 당한 것도 같은 해의 일이었다.

문순득은 나중에 조선으로 돌아가는 길인 중국 광둥 성에서 안남(安南, 베트남) 사람 2명을 만났는데, 그들에게서 이 표류민들 이야기를 들었다. 안남인들은 문순득에게 대뜸 고려(조선)의 풍속이 좋지 않다는 말을 했다. 문순득이 화를 내면서 무슨 근거로 그런 악담을 하느냐고 묻자, 안남인들은 자신들이 제주에 표류한 기억을 몸서리치면서 털어놓았다.

"우리는 무역선을 타고 아오먼(마카오)을 오가는 여송 사람들과 짝이 되어 장사를 했습니다. 그런데 지난 1801년 가을, 30명이 배를 타고 가다가 바람을 만났습니다. 그러다가 조선 지방의 큰 섬에 닿았지요. 그래서 일행 중 다섯 사람이 물을 길으러 육지에 올라갔습니다. 그런데 그들이 섬사람들에게 해코지를 당한 겁니다. 우리도 목숨을 잃을까 봐 급히 닻을 올려 일본 지방으로 몸을 피했습니다만, 또다시 조난을 당해 모두 바닷물에 휩쓸렸지요. 간신히 우리 두 사람만 살아남아서 지금 일본인들이 호송해주는 덕분에 고향 안남 땅으로 돌아가는 길이랍니다."

그 말을 들으면서 생각해보니, 자신이 표류한 해인 1801년 11월,

그러니까 태사도로 홍어를 사러 떠나기 직전에 전해 들은 얘기가 생각났다. 배 한 척이 제주에 와서 다섯 사람이 육지에 내렸기에 사정을 알아보고자 붙들었는데, 뱃사람들이 그들을 버리고 돛을 펴고 가버렸다 했다. 다섯 사람의 얼굴은 칠을 한 것 같고 말이나 문자도 통하지 않았으며, 어느 나라 사람인지도 알지 못했다고 했었다.

문순득은 안남인들의 얘기를 들으니 필시 그 일인 듯했다. 안남인들은 제주 사람들이 자신들의 동료를 해코지했다 여겼지만, 사실 제주에서는 낯선 용모의 이방인이 섬에 상륙했으니 저간의 사정을 알아보려고 했을 뿐이었다. 그것을 배에 남은 사람들은 자신들을 해치려는 줄로 오해하고 달아나버린 것이다. 그런데 이후 또 풍랑을 만나 동료를 모두 잃었으니, 그 원망이 조선 사람 문순득에게 향할 수밖에 없었을 것이다.

이 밖에도 문순득은 고향으로 돌아오는 길에 여러 사람에게 필리핀 표류민들의 사연을 전해 들었다. 의주에서 만난 관리도 이들의 안타까운 사연을 전하면서 "그 사람들은 늘 어디서 왔는가 출신국을 물어보면 마까외, 마까외만 외친다"라고 했다. 시흥에서는 제주 사람을 만났는데, 그 또한 표류민들의 기구한 사연과 함께 그들의 독특한 차림새에 대해 전해주었다. 자신이 표류해서 여송에서 보고 들은 것들과 사람들이 들려준 표류민들의 사연을 되짚어보니, 제주에 발이 묶인 표류민들은 여송 사람들이 분명했다. 마치 자신이 그런 일을 겪는 것 같아 안타깝기 그지없었다. 표류민으로 이 나라 저 나라를 떠돌 때 얼마나 서러웠던가. 고향땅에 남겨진 아내와 자식들 이름을 그 얼마나 되뇌었던가.

마침내 고향에 돌아온 문순득은 제주에 있는 여송 표류민들이 아직도 본국으로 돌아가지 못하고 있다는 소식을 들었다. 문순득은 가슴을 치며 한탄했다.

"내가 유구국에 표류했을 때 나도 모르게 이 사람들을 위해 하염없이 눈물을 흘리며 울었는데, 하물며 내가 나그네로 떠돌기 3년, 여러 나라의 은혜를 입어 고국으로 살아 돌아왔건만 이 사람들은 아직도 제주에 있으니 안남, 여송 사람들이 우리나라를 어떻게 말하겠는가. 참으로 부끄러워서 땀이 솟는다."

어서 제주로 가서 그 사람들이 여송국 사람임을 밝혀주어야 했다. 그래서 그들이 고향으로 돌아갈 수 있게 하고, 조선은 표류민들을 해치는 나쁜 풍속을 지닌 나라라는 안남인들의 오해도 풀어주어야 했다.

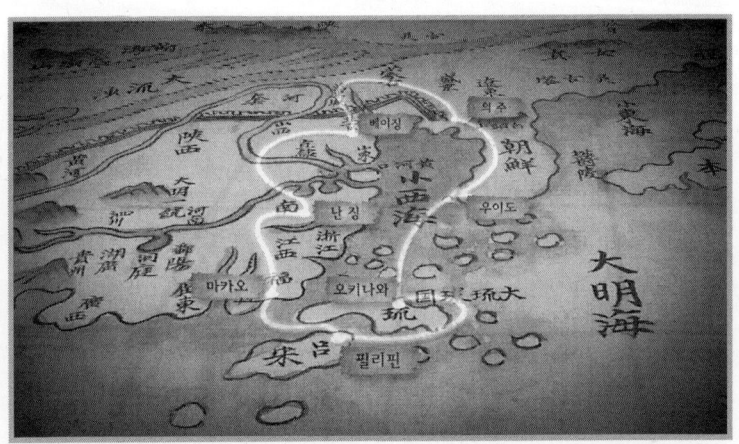

▶ 3년 2개월에 걸친 문순득의 표류 여정

문순득은 이제 변방 작은 섬의 일개 홍어 장수가 아니었다. 표류가 그를 변화시켰다. 류큐, 필리핀, 마카오, 중국 땅 곳곳을 3년 2개월이라는 기나긴 세월 동안 떠돌면서 이방인들과 소통하고 보고 들은 지식과 경험이 그를 바꾸어놓았다. 그는 배를 내어 제주 당포항으로 향했다. 그리고 조선 사람 최초로 필리핀어 통역사 역할을 자청했다. 이리하여 말이 통하지 않아 무려 9년을 억류되어 살다시피 해온 필리핀 표류민들에게 마침내 고향으로 돌아갈 수 있는 길을 열어주었다. 문순득은 우리나라 최초의 필리핀어 통역사이자 민간 외교관이었다.

2

동방의 마르코 폴로를 찾아서

영산강 물길 따라 삭혀진 흑산도 홍어

문순득은 우이도의 홍어 장수였다. 그리고 우이도 홍어 장수 문순득을 세계의 바다로 이끈 것은 표류였다. 문순득은 1801년 12월 흑산 홍어를 싣고 영산포로 가던 중 돌풍을 만나 우리 역사상 가장 오랜 시간, 가장 긴 거리의 표류를 하게 된다. 흑산 홍어는 200여 년 전에도 식탁의 명물이었다.

홍어는 차가운 바람이 불기 시작하는 11~12월이 제철이다. 전라도에는 '날씨가 추우면 홍어 생각, 따뜻하면 굴비 생각'이라는 말이 있다. '혀와 입과 코와 눈과 모든 오감을 일깨워 흔들어버리는 맛의 혁명'이라는 삭힌 홍어의 맛은 혀가 아닌 몇 초의 시간차로 느끼는 것이라고 한다. 홍어는 또 흑산 홍어를 최고로 친다. 홍어는 겨울철이 다가오면 알을 낳기 위해 서북 해안에서 남서 해안으로 이동한다. 연중 내내 알을 낳지만 그중에서도 겨울철에 주로 알을 낳는데,

그 무렵 흑산도의 깊은 바다 속에서 지낸다. 그러니까 산란 준비 기간을 흑산도에서 보내는데, 이 시기의 암컷이 가장 육질이 좋고 영양분이 풍부하다.

삭힌 흑산 홍어는 영산포를 통해 나주 시장으로 팔려나갔다. 나주장은 조선 시대 지방 시장 중 큰 규모에 속했고, 이곳에서 삭힌 흑산 홍어 맛을 본 전라도 사람들은 그 맛에 빠져들었다. 홍어를 삭혀도 상하지 않는 이유는 요소 때문이다. 홍어나 상어의 살에는 포유동물의 오줌 성분인 요소가 특히 많은데, 삭힌 홍어의 톡 쏘는 맛은 상어와 홍어 등 연골 어류의 삼투압 조절에 필요한 요소와 TMAO 때문이다. 이 성분들이 육질에 부패 세균이 증식하기 전에 암모니아와 TMA로 분해되면서 코를 찌르는 냄새를 낸다. 그래서 홍어는 식중독 우려가 없고 오래될수록 독특한 맛이 깊어진다.

나주 영산포 사람들이 삭힌 흑산 홍어 맛을 즐기게 된 유래는 고려 시대로 거슬러 올라간다.

영산포에는 냉산이란 곳이 있다. 냉산은 내영산을 줄여서 부른 것으로, 영산현의 안쪽 마을이라는 뜻이라고 한다. 그러니까 지금의 영산포와는 다른 곳으로, 내영산을 고려 시대에는 영산현이라 했다.

틈만 나면 우리나라 바다와 뭍을 침범해 말썽을 일으키던 왜구는 고려 말에 국가적 문제가 될 정도로 극성을 부렸다. 고려는 왜적이 침범해 오는 길목에 있는 섬에 군사와 주민들을 들여보내 왜구를 막게 했다. 그렇지만 이 정책은 실효를 거두지 못했고, 마침내 조정

▶ 흑산도 홍어 경매 현장

은 섬을 비우는 공도 정책을 시행했다. 이에 따라 서남해의 주요 섬들에 있던 관청이 육지로 옮겨지고 섬사람들도 강제로 뭍으로 옮아가야 했다.

당시 흑산도를 비롯한 서남해 섬의 대부분은 나주목 관할이었다. 이에 따라 흑산도 사람들의 강제 이주지는 나주에서 10리 떨어진 곳으로 정해졌는데, 이곳에 영산현이라는 이름이 붙여졌다. 이 이름은 고향인 흑산도 인근 영산도에서 따왔다고 전해진다. 영산현은 비옥한 경작지가 형성된 지역이었지만 사람들은 이곳에 뿌리 깊게 정착하지 못했다. 조상 때부터 대대로 살아오던 정든 땅과 바다를 고스란히 두고 강제로 쫓겨나듯 떠나온 고향을 잊을 수 없었던 것이다. 넓디넓은 바다를 삶의 터전으로 살아가던 사람들이 갑자기 뭍에 올라 전혀 다른 삶을 살아간다는 일이 말처럼 쉬웠겠는가. 그래서 영산현 사람들은 조금만 감시가 소홀해졌다 싶으면 고향 흑산도를 향해 배를 몰았다. 그러고는 오랫동안 비워둔 집과 텃밭을 다시 가꾸기 시작했고, 고향 앞바다의 해산물을 건져 올리면서 고향에서의 삶을 다시 설계했다.

이와 함께 나라의 공도 정책도 점차 소홀해지면서 120여 년간 존속한 영산현은 결국 폐현이 되었다. 그러나 영산현 때문에 알려지기 시작한 삭힌 흑산 홍어는 영산강을 오가는 배에 실려 전라도 사람들의 입맛을 사로잡아갔다.

영산강 유역에 있는 나주와 무안에서는 조선 시대 최초의 지방 시장인 장시가 열렸다. 『조선왕조실록』을 보면 성종 1년(1470)에 장문(場門)이란 이름의 시포(市鋪)가 전라도에서 처음 열렸다는 기록이 나온다. 성종 4년 2월, 조정에서 화폐의 활용법 등을 논의하던 중 신숙주가 이렇게 아뢴다.

"경인년(1470)에 흉년이 들었을 때 전라도 백성이 스스로 서로 모여 시포를 열고 장문이라 불렀는데, 사람들이 이것을 지키며 유지했습니다. 이는 바로 외방에 시포를 설치할 기회였으나, 호조에서 수령들에게 물으니 수령들이 득실을 살피지 않고서 전에 없던 일이라 하여 금지하기를 바랐으니, 실로 상습만을 좇는 소견이었습니다. 다만 나주 목사 이영견은 금지하지 말기를 청했으나, 호조에서는 굳이 금지하여 천 년에나 한 번 있을 기회를 잃었으니 아까운 일이었습니다. 신이 전에도 이것을 아뢰었고 지금도 반복하여 생각해보니, 큰 의논을 세우는 자는 아래로 민심에 순응하면 그 성취가 쉽습니다. 남쪽 고을의 백성은 전에 이 때문에 스스로 시포를 보전했으므로 지금 그들이 바라는 것 또한 같을 것입니다. 이제 외방의 큰 고을과 백성이 번성한 곳에 시포를 설치하게 허가하되, 강제로 하지 말고 그들이 바라는 대로 하여 민심이 향하는 바를 지켜보면 실로 편리할 것입니다."

이처럼 흉년이 들어 목숨을 연명할 길이 막막해지자 사람들은 각자 쓸 만한 것, 먹을거리 등을 들고 모여들어 서로 가져온 것들을 교환하기 시작했다. 이것이 시장의 형태로 발전했고, 이를 장문이라 했다. 즉 신숙주의 말은 이런 장문은 지방의 시장을 활성화해서 나라 경제를 좀더 살찌울 기회이기도 했는데 관리들이 무작정 막아버린 것은 민심을 잘 읽지 못한 처사였으며, 이제부터라도 지방의 장시를 활성화하되 민심이 원하는 방향으로 따라야 한다는 얘기였다. 이렇듯 나라에서는 지방의 장시를 달가워하지 않았고 금지했지만, 장시는 백성들의 요구에 따라 자연스럽게 퍼져나갔다.

영산강 유역의 나주와 무안에서 최초로 장시가 생겨난 이유는 그 지역이 장시가 열리기 위한 기본 조건을 두루 충족했기 때문이다. 당시에는 세금으로 거둬들인 곡식을 서울로 실어 나르기 위해 임시로 보관하던 조창 제도가 있었는데, 나주에 이런 조창인 영산창이 있었다. 전라도의 곡식들은 대부분 이 영산창으로 들어왔다. 또 영산강 유역에는 기름진 나주평야가 있었다. 즉 영산강 유역은 풍부한 물산으로 장시의 배후지가 되었고 영산강 물길은 장삿배의 통로 역할을 했다.

영산강은 그렇게 섬과 바다, 지역과 지역을 잇는 통상로가 되었다. 흑산도의 홍어도 이 영산강을 따라 배에 실려 영산포로 왔다. 흑산도에서 영산포까지 짧게는 열흘에서 열이틀이 걸렸다고 한다. 이렇게 여러 날 동안 배에 실려 오는 사이, 홍어는 자연스럽게 삭혀졌다. 그걸 먹어보니 맛이 좋았고, 그때부터 삭힌 홍어를 먹기 시작한 것이다.

홍어가 전라도 사람들의 사랑을 받으면서 흑산도 사람들은 직접 홍어를 잡아서 팔기도 했지만 상고선을 부리면서 시장에 실어다 팔아주는 중개상인에게 홍어를 맡기기도 했다. 우이도에 살던 문순득은 그런 중개상인 중 하나였다.

지금도 나주 영산포에는 '홍어촌'이라는 마을이 있다. 홍어를 많이 취급한다고 해서 홍어촌 또는 홍애촌이라 불린다. 문순득이 홍어를 팔러 다니던 곳이 바로 이곳일 것이다. 영산현은 조선 초에 없어지고 이후 많은 사람이 이곳에 정착해서 마을을 이루고 살았다. 그런 이주 물결은 일제강점기까지 이어졌고, 18세기 무렵부터 사람들은 이 마을을 홍어촌이라 불렀다.

서남 해역의 중계지에서 유배의 섬으로

현재 120여 명 남짓한 주민들이 살고 있는 작은 섬 우이도. 섬의 서쪽 양단에 튀어나온 반도 두 곳이 소의 귀 모양과 비슷해 우이(牛耳)라는 이름이 붙었다고 한다. 우이도는 서남해의 다도해에서 먼 바다로 나가는 첫 번째 섬이다. 비금도와 도초도를 빠져나가면 큰 바다인데, 그 큰 바다를 따라 이르는 최초의 섬이 우이도다. 그래서 옛날 통일신라와 고려 시대에 동아시아 해상 교통이 활발할 때 우이도나 흑산도 같은 섬들은 중국과 한반도를 연결하는 중요한 징검다리 역할을 했다. 특히 흑산도의 읍동 마을은 동아시아 국제 해상 도시의 흔적이 남아 있다. 우이도는 그런 흑산도와 하나의 문화권을 형성하고 있었고, 그래서 당시 상인이나 사신이 바다를 통해 다른 나라를 오갈 때 수시로 머무른 해상 거점에 해당한다. 이 섬을 사람들은 소흑산도라 불렀다.

 이 시절 우이도 사람들은 흑산 지역에 가서 고기를 사다가 연안이나 영산포 등지에 팔고, 다시 쌀이나 생필품을 사서 흑산 지역에 공급하는 것을 주된 생업으로 삼았다.

 해상왕 장보고가 바다를 누비던 시절, 서남 해안을 중심으로 당과 왜로 해상부역로가 구축돼 있었고 무역선과 상선이 활발하게 오갔다. 통일신라 말기의 문장가 최치원(崔致遠)이 당나라로 유학을 가던 길도 바로 이 바닷길이었다. 1714년에 이중환이 지은 『택리지』에도 신라 시대 당으로 가는 항로에 대해 '영암 구림리 또는 월남촌에서 흑산도, 홍도, 소흑산도를 거쳐 중국 닝보로 갔다'고 나온다.

 최치원은 13세의 어린 나이로 당나라에 유학을 갔다. 이때 그는 고향 경상도 경주에서 출발해 전라도 영암의 상대포로 왔을 것으로 추정된다. 기암괴석의 월출산이 병풍처럼 바람을 막아주는 상대포는 당시 일본이나 당나라로 가는 상선들이 정박해 있던 국제 무역

▶ 우이도

항이었다. 중국 측 기록을 보면 최치원이 상선을 타고 당나라에 왔다고 한다. 따라서 최치원은 상대포를 지나 영산강 하구를 거쳐 신안군 비금도에 도착했을 것이다. 이와 관련해 비금도에는 최치원과 관련한 설화가 전해진다.

신안군 비금면 수도 마을 뒷산인 수도산의 정상에는 지금도 고운정이라는 이름의 샘이 있다. 고운정의 유래는 이렇다. 최치원이 비금도 앞을 지나는데 배에 식수가 떨어져 모두 난감해했다. 그러자 최치원이 수도리 뒷산 봉우리에 올라가면 물이 나올 것이라고 했고, 그곳을 팠더니 물이 솟아올랐다는 것이다. 이때부터 이 샘은 최치원의 자인 고운(孤雲)을 따서 고운정이라 불렸다 한다.

한편 당시 비금도에는 심한 가뭄이 들었는데, 그러던 차에 최치원이라는 신동이 물길을 찾아냈다는 얘기를 듣고 사람들이 최치원에게 달려갔다. 제발 그 신통력으로 비가 내리도록 기우제를 지내달라고 애원하자 최치원은 북해 용왕을 불러냈다. 그런데 용왕은 옥황상제의 명령이 아니면 자기 마음대로 비를 내리게 할 수 없다면서 최치원의 청을 들어주지 않았다. 이 말에 최치원은 불같이 화를 내면서 속히 비를 내리라고 명령했고, 용왕이 그 기세에 눌려 최치원의 명령을 따름으로써 마침내 비금도의 가뭄이 해결되었다고 한다.

　이 설화는 우이도로 이어진다. 비금도를 지나 우이도로 가던 최치원은 옥황상제의 미움을 샀다. 비를 내리는 일은 하늘의 일이거늘 감히 어린아이가 용왕을 움직여 마음대로 비를 내리게 했으니 어찌 괘씸하지 않겠는가. 옥황상제는 최치원을 괘씸죄로 다스리고 용왕에게 벌을 주려고 우이도로 향했다. 그러자 최치원은 용왕을 도마뱀으로 만들어 자신의 무릎 밑에 숨기고는 옥황상제와 바둑을 두었다고 한다. 우이도 상산봉에 오르면 최치원과 옥황상제가 바둑을 두었다는 '바둑 바위'를 볼 수 있다.

　비금도와 우이도에 남겨진 최치원 설화를 바탕으로 추적한 항로는 당시 한반도와 중국 대륙 사이의 활발한 무역과 교역의 흐름을 반영한다. 일본 천태종의 고승인 엔닌의 『입당구법순례행기』에도 847년 당나라 유학을 마치고 귀국하는 길에 흑산도를 지났다고 나온다. 또 송나라 사신 서긍이 남긴 기록에서 이 바닷길이 송과 고려 사이의 교류에 어떤 역할을 했는지 알 수 있다. 서긍은 1134년에 고려를 방문하고 돌아가서 흑산도에 대해 다음과 같은 글을 남겼다.

처음 바라보면 극히 험준하고, 바싹 다가가면 산세가 중복되는 것 같이 보인다. (…) 바닷길을 지날 때 이곳에 선박을 머물게 했다. (고려에서는) 중국 사신의 배가 들어서면 밤에 산마루에서 봉홧불을 밝히고 여러 산이 차례로 호응하여 왕성(王城)까지 이르는데, 그 일이 이 산에서 시작된다.

그러나 조선 시대에 이르러 흑산도는 유배의 땅으로 변했다. 섬은 주로 죄인들이 유배 가는 곳이었는데, 특히 흑산도는 '험난한 바다와 땅의 악독한 기운이 다른 정배지보다 가장 심하다'라고 할 만큼 절해고도였다. 흑산도가 다른 곳에 비해 규모가 작은 섬인데도 유배지로 많이 이용된 것은 이런 지리적 조건 때문이라 할 수 있다. 실제로 실록의 유배지 분포를 보면 흑산도는 제주도와 거제도 다음으로 많은 죄인이 유배된 섬이다. 흑산도는 고려 인종 때를 시작으로 조선 후기에 본격적으로 유배지로 이용되었는데, 의병장으로 유명한 최익현(崔益鉉)과 우이도의 인연도 유배로 맺어졌다.

1876년 강화도조약이 체결되자 최익현은 도끼를 메고 상경했다. 조선이 일본과 맺은 불평등조약을 도저히 인정할 수 없었던 그는 광화문 앞으로 가서 도끼를 앞에 두고 꿇어앉았다. 우리 선조들은 나라에 중요한 일이 있을 때 도끼를 들고 상경해 대궐 앞에서 상소하는 전통이 있었다. 상소를 들어주지 않을 거라면 도끼로 자신의 목을 치라는 무서운 기개가 바로 이 도끼 상소, 즉 지부상소(持斧上疏)다. 최익현은 도끼를 앞에 두고 강화도조약을 결사반대하면서 이렇게 외쳤다.

"첫째, 우리가 힘이 있어 왜놈들을 제압할 수 있으면 모를까 겁이 나서 화친에 굴복한다면 그놈들의 끝없는 욕심을 어떻게 채울 것입니까? 둘째, 우리의 시장구조와 경제력으로는 그들을 이길 수 없으니 통상하고 몇 해 못 가서 나라는 망하게 될 것입니다. 셋째, 놈들이 비록 왜놈이라 하지만 실제로는 서양 도적들이니 한번 화친하면 예수교가 전파되어 나라가 온통 그들로 득시글거리고 전통의 미풍양속은 파괴될 것입니다."

최익현은 이를 포함해 강화도조약을 반대하는 다섯 가지 이유(오불가척화의소:五不可斥和議疏)를 내세운 다음, 이렇게 외쳤다.

"왜적을 물리치지 않으려면 신의 목을 베십시오."

그러나 조선 조정은 최익현에게 흑산도 유배라는 중벌을 내린다. 귀양길에 나선 최익현은 한양에서 860여 리 길을 걸어 1876년 2월 10일 전라도 무안읍에 도착한 다음, 다경포에서 배를 탄다. 그리고 쪽배에 몸을 싣고 암태도, 팔금도, 도초도, 비금도를 거치면서 꼬박 엿새 동안 항해한 끝에 우이도에 위리안치(圍籬安置, 죄인이 귀양지에서 달아나지 못하게 집 둘레에 가시로 울타리를 치고 그 안에 가두는 것) 되었다.

최익현의 강직함과 높은 학식은 주민들에게 도술을 부리는 신비한 인물로 인식되었고, 그 설화가 지금까지 구전되고 있다. 흑산도로 옮아가서는 서당을 열어 아이들을 가르치기도 했다.

최익현은 나중에 문집『지장암기(指掌庵記)』에 이렇게 썼다.

세상의 많고 많은 시비와 득실이 일체 귀에 들어오지 않고, 갠 낮 밝은 밤에 오직 돌밭에 소 모는 소리와 푸른 바다에 노 젓는 노래만이 들려온다. 무릉도원이 있다 한들 이 경치에 비하지 못할 것이다. 그래서 과거에 있었던 마음에 두렵고 눈에 해괴한 모든 것이 점차로 소멸되고 의연히 참선의 경지에 들어갔다. 이런 뒤에 도산(陶山)의 절요(節要)를 읽고 파옹(巴翁)의 철령시(鐵嶺詩)를 외면서, 조용히 마음으로 체험하고 읊조리면서 기운을 발설하니, 온 천하 사물이 하나도 내 마음을 흔들지 못하매 귀양살이의 고달픔은 족히 말할 것이 없었다.

그리고 이런 시를 덧붙였다.

우이 한 봉우리 구름에 닿았으니
오르고 올라도 이 몸 피로 잊었네
아름다워라 저 바다의 수없는 섬들이여
파도야 치든 말든 저 홀로 천년만년.

돌아오는 사람들, 다시 살아나는 섬

공도 정책으로 강제로 등 떠밀렸던 섬사람들은 다시 하나 둘 고향땅을 찾아들기 시작했다. 삶의 터전을 되찾고자 하는 백성들의 간절한 바람을 막을 수는 없었다. 우이도에는 1608년 상원 김씨를 시작으로 사람들이 찾아들기 시작했다. 문순득의 선조인 남평 문씨 문일장도 1640년 우이도 진리로 찾아와 가문을 다시 일구었다.

이렇게 사람들이 다시 찾아들면서 곳곳에 마을이 형성되었고, 배가 자주 드나들면서 1745년에 주민들은 직접 돌을 날라다 부두를 만들었다. 주민들이 직접 튼튼한 부두를 쌓아 올렸을 정도니 그 당시 섬에서 새 생활을 열어가려는 의지가 얼마나 강했는지 짐작할 수 있다. 부두는 둥그런 모양으로 배를 감추어 파도에서 보호할 수 있게 되어 있다. 길이 63미터, 높이 3미터, 폭 1.6미터로 지금도 선박들의 안전한 피항처로 사용되고 있다. 우이도 부두는 우리나라에서 옛 포구의 형태가 거의 완벽하게 보존된 유일한 시설로 전라남도 문화재로 지정되기도 했다.

여객선에서 내려 조금만 걸어 들어가면 그 부두와, 주민들의 이

▶ 우이도 부두

름을 새긴 공덕비와 조기 간장터를 볼 수 있다. 우이도에는 직접 고기를 잡는 어업보다는 고기를 사다가 간을 하거나 말려서 다시 팔아 이문을 남기는 중개업에 종사하는 사람이 많았다. 이 조기 간장터는 바다에서 잡은 조기 등 생선을 한데 모아 간을 하고 말리던 장소라고 한다.

그리고 마을 안으로 돌담길을 걸어 들어가면 좁은 골목이 잔가지처럼 뻗어 있고, 그 끝에 파란 슬레이트 지붕을 얹은 오래된 집을 만날 수 있다. 바로 문순득의 집이다. 문순득은 표류에서 돌아온 후 어상으로 큰돈을 벌어 직접 집을 짓고 나중에 세 아들에게 각각 한 채씩을 물려주었다고 한다. 다른 두 집은 세월이 지나면서 헐려버렸고 이 집만 남았는데, 문순득이 살던 집이 바로 이곳이라고 한다. 오랜 세월이 지나면서 몇 군데 수리를 거치기는 했지만 문순득이 지은 형태는 그대로 간직하고 있다.

이 집을 문순득의 5세손인 문채옥 옹이 지키고 있다. 아흔을 넘긴 나이인데도 선조의 기개와 총기를 닮아서인지 기억이 총총하고 부지런했다. 젊은 날 목수로 배를 만들기도 했다는 그는 지금도 틈틈이 선조의 체취가 밴 집을 수리하고 다듬는다. 그가 5대째 지켜 내려오는 것은 집뿐이 아니다. 문순득의 생생한 표류 경험이 적힌 책과, 표류해서 돌아올 때 함께 가져왔다는 유물들도 그가 간직하고 있는 소중한 보물이다.

먼저 『유암총서(柳菴叢書)』『유암총서』는 다산 정약용의 강진 수제자 이강회가 우이도 문순득의 집에서 직접 편집한 책으로, 문순

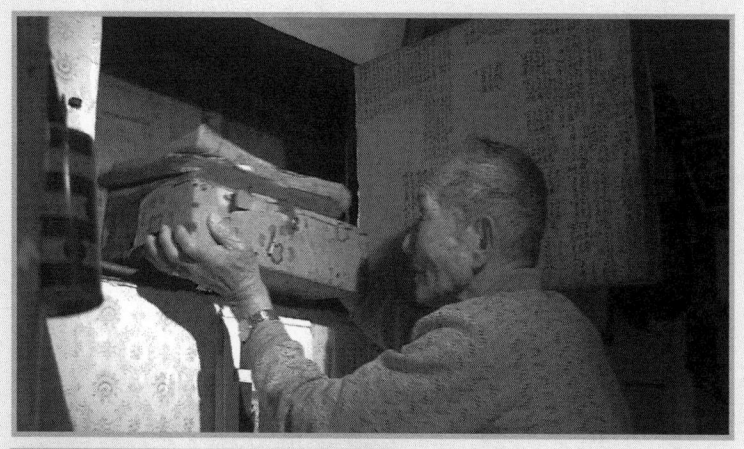

▲ 벽장에서 「표시해말」을 꺼내는 문순득의 후손 문채옥 옹

◀ 「표시해말」

득의 표류 경험담을 기록한 「표해시말(漂海始末)」이 처음에 실려 있다. 그다음에 실린 「운곡선설(雲谷船設)」은 문순득이 표류했을 당시 조선으로 돌아오기 위해 필리핀에서 마카오로 향하던 바닷길을 건널 때 탔던 배를 관찰한 내용을 토대로 이강회가 쓴 글이다. 이 「운곡선설」은 우리 해양 사상 최초의 서양 선박 관련 논문으로, 서양 배에 대한 이러한 관심은 외국의 수레와 선진 기술에 대한 관심으로 이어졌다. 이것이 「거설답객난(車說答客難)」과 「제거설(諸車說)」

로 이 모두가 『유암총서』에 실려 있다. 이 외에 소나무 정책에 관한 손암 정약전의 견해를 적은 「송정사의(松政私議)」도 문채옥 옹이 간직하고 있는 보물이다. 조선 시대 최장 거리, 최장 기간의 표류를 하고 돌아온 비범한 홍어 장수의 경험담과 조선 최대 실학자들의 친필 기록들이 남쪽 변방에 있는 섬의 오래된 집 벽장 안에서 200여 년을 잠자고 있었던 것이다.

문순득은 표류에서 돌아오는 길에 당시의 선진국이던 중국에서 책도 꽤 많이 가져왔다고 한다. 세월이 흐르면서 그 책들은 이리저리 흩어져버리고 가정의 상례에 대해 기술한 책자 한 권만 남아 있다. 그리고 문순득이 중국에서 사 왔을 거라 짐작되는 부채, 당시의 노리개, 호패, 왕실에서 문순득에게 내린 교지 등도 상자 속에 함께 간직되어 있다.

그런데 문순득의 표류 여정을 담은 「표해시말」은 문순득 자신의 기록이 아니라 당시 흑산도로 유배 와 있던 실학자 정약전의 기록이다. 1801년 12월, 스물다섯의 문순득은 우이도에서 작은아버지 문호겸(文好謙), 이백근(李白根), 박무청(朴無碃), 이중원(李中原), 사내아이 김옥문(金玉紋)과 함께 흑산도 남쪽으로 수백 리 거리인 태사도로 홍어를 사러 갔다. 그러나 이듬해 1월 18일에 돌아오다가 우이도 서남쪽에서 폭풍을 만나 3년 2개월여에 걸친 역사상 최장 기간, 최장 거리의 표류를 시작했다. 그리고 그 표류담을 정약전이 기록했다.

정약전과 〈율정별〉

정약전은 어떻게 흑산도로 왔으며 어떻게 문순득을 만나「표해시말」을 쓰게 되었을까?

학문과 인품이 뛰어났던 정약전, 정약용 형제는 뛰어난 학자 군주 정조의 총애를 받았다. 정조는 형제를 두고 "약전은 준수하고 뛰어남이 그 아우보다 낫다"고 하기도 했다. 약전은 약용보다 4세 위로, 그들의 집안은 8대 연속 홍문관 학사를 배출한 걸출한 학자 집안이었다.

정약전의 집안은 혼인 관계를 통해 자연스럽게 실학의 대가인 이익(李瀷) 계열의 학통을 계승하고, 서학(천주학)과 관련을 맺게 된다. 누이는 조선 최초의 가톨릭 신자인 이승훈(李承薰)과 혼인했고, 나중에 정약용은 이승훈의 누이를 며느리로 맞아들인다. 그러니까 겹사돈을 맺은 셈이다. 이승훈의 외삼촌이 당시 학자이자 천주교 순교자인 이가환(李家煥)인데, 이가환은 또한 조선 영조 때의 유명한 실학자인 이익의 종손이었다. 또 백서(帛書) 사건으로 유명한 황사영(黃嗣永)은 이복 형인 약현의 사위였으니 약전과 약용 형제에게는 조카사위였다.

1794년 청나라 사람인 신부 주문모(周文謨)가 변복을 하고 몰래 들어와서 북악산 아래 숨어서는 천주교를 퍼뜨렸다. 천주교는 하나의 학문에서 신앙으로 널리 퍼져서 수년 만에 신자가 만 명으로 늘어날 정도로 교세가 확장되었으며 당시 남인 중 일부가 천주교를 탐구하고 신앙으로 받아들여 노론에게 많은 공격을 받고 있었다. 한편 영조 말년 이후 정계는 사도세자를 두고 옹호하는 시파(時派)와 반대하는 벽파(僻派)로 양분되었다. 시파는 정조의 정책을 따라 천주교와 남인에 비교적 온건한 입장을 취했다. 그러나 1800년 순조가 즉위하면서 벽파가 정권을 잡았다.

1801년 신유사옥. 시파에 대한 대대적인 숙청 작업이 벌어졌고, 천주교와 남인에 대한 탄압이 시작되었다. 신자의 씨를 남기지 말라는 명령 아래 남인 인사와 당시 교회를 이끌던 인물들이 대거 체포되었다. 1801년 2월, 손암의 형제 중 셋째인 약종과 매형 이승훈이 서소문 밖에서 처형당했다. 이밖에도 많은 사람이 감옥에서 죽거나 유배 도중에 처형되었다. 주문모 신부도 자수하여 효수되었다. 약전과 약용 형제는 각각 전라도 신지도와 경상도 장기로 유배되었다.

그런데 뒤이어 황사영 백서 사건이 일어나 형제는 다시 한양으로 압송되어 혹독한 심문을 받았다. 그해 가을, 황사영은 흰 비단을 펼쳐서 그 위에 긴 글을 적었다. 손암 형제의 이복 형 약현의 사위인 황사영은 열여섯 살에 과거의 소과에 장원급제한 신동이었다.

그렇게 장래가 촉망되던 청년 황사영은 천주교 신자가 되었고, 피바람이 온 나라를 휩쓸고 천주교가 위기를 맞자 외국의 힘이라도 빌려야 한다고 판단했다. 그래서 그는 흰 비단을 펼치고 중국 베이징에 있는 주교에게 전달할 긴 편지를 적어 내려갔다. 조선이 계속 신앙의 자유를 허락하지 않으면 청나라의 한 지방으로 편입해 감독하게 하고, 서양의 큰 배 수백 척과 5~6만 명의 군사를 조선으로 보내서 조선 조정을 위협해 신앙의 자유를 인정하게 해달라는 내용이었다.

그런데 이 글이 사전에 발각되었고 황사영은 능지처참되었다. 또 천주교도 약 100명이 처형되고 400여 명이 유배되었다. 황사영은 약전 형제의 조카사위였으니 형제는 그 폭풍을 피해 갈 수 없었다. 다행히 극형은 면했지만 돌아올 기약 없는 더 멀고 험한 유배지로 다시 귀양길에 오르게 되었다.

1801년 11월 21일, 죄인 정약전 형제는 전라도 나주까지 열이틀을 걸어 나주 삼거리의 주막 율정점에 도착했다. 밤새 뜬눈으로 서로를 걱정하다가 다음 날 새벽 울며 헤어져 각자 자신의 유배지로 떠났다. 형은 바다 멀리 흑산도로, 동생은 남녘 끝의 강진으로. 언제 다시 만날 수 있을지 기약 없는 이별, 더구나 그 이별의 끝에는 유배지가 기다리고 있었으니 그 안타까움은 이루 말할 수 없었을 것이다. 이 심정은 정약용이 귀양길에 형님과 헤어지면서 쓴 〈율정별(栗亭別)〉이라는 시에 잘 나타난다.

    띠로 이은 가겟집, 새벽 등잔불 바르르 꺼지려 해
    잠자리에서 일어나 샛별 바라보니 이별할 일 참담해라
    그리운 정 가슴에 품은 채 묵묵히 두 사람 말을 잃어
    억지로 말을 꺼내니 목이 메어 오열이 터지네.

흑산도는 멀고 먼 바닷가 하늘 끝과 이어진 곳
어찌하여 형님은 그 먼 곳으로 가시어야 하는지
고래란 놈들 이빨이 산만큼 커
배도 삼켰다가 뱉어내고
지네란 놈 크기가 쥐엄나무 껍질만 하고
독사들 등나무 등걸처럼 뒤얽혀 있다네.

내가 장기읍에 있을 때를 생각해보니
밤낮으로 강진 쪽만 바라보았네
새처럼 날아서 푸른 바다 가로질러 가서
바닷물 가운데서 우리 형님 보았어라
이제 나는 좋은 곳으로 옮겨 영전된 기분인데
구슬을 빼놓고 빈 상자만 사 온 셈일세.

나 또한 어리석은 바보 아이
헛되이 무지개를 붙잡으려 했었네
서쪽 언덕 활처럼 굽은 땅에
분명히 아침 무지개를 보았노라
아이란 놈 무지개를 쫓아갈수록 무지개는 더욱 멀어져
가고 보면 또 다른 서쪽 언덕, 서쪽 또 서쪽에 있었네.

그러나 형제는 죽음보다 더한 유배지에서 좌절하지 않았다. 정약전은 유배 생활 중 우리나라에서 가장 오래된 어류학 서적인 『현산어보(茲山魚譜)』를 썼고, 정약용에게는 18년 강진 유배 시절이 오히려 학문의 절정을 이룬 시기였다.

1808년, 정약용은 유배의 고초 속에서도 무려 5년여의 대장정 끝에 24권에 이르는 방대한 분량의 『주역사전(周易四箋)』 '무진본(戊辰本)'을 완성했다. 이 책의 집필 과정을 돌아보면서 그는 '계해년(1803) 늦봄 이후 눈으로 보는 것, 손으로 잡는 것, 입으로 읊조리는 것, 마음으로 생각하는 것, 붓으로 기록하는 것부터 밥을 먹고 변소에 가며 손가락을 놀리고 배를 문지르는 일에 이르기까지 어느 하나 주역 아닌 것이 없었다'라고 했을 정도로 집필에 모든 열과 혼을 다했다.

그런데 세상은 그 책의 진가를 알아주지 않았다. 오직 흑산도의 형님만 예외였다. 무진본을 받아 본 정약전은 아우의 높고 깊은 학문에 감탄할 뿐이었다.

> 말마다 글자마다 신이나 귀신이 가르쳐준 것과 같아 형용할 방법이 없노라. 우리 아우가 어떻게 해서 이런 영특한 마음과 오묘한 깨달음에 이르렀는지 알지 못하겠다. 이 글은 읽는 사람에게 곧바로 미친 듯이 절규하며 흐드러지게 춤이라도 추고 싶게 해준다.

정약용은 형님을 일컬어 같은 어머니에게서 태어난 형제로서의 연뿐 아니라 자신의 학문을 알아주는 지기, 즉 학문을 논하고 편지를 주고받으며 서로를 위로하고 격려해주는 우주 안에서의 유일한 이해자라 했다.

조선의 실학자, 홍어 장수를 만나다

1801년 11월, 아우와 헤어진 정약전은 나주 다경포에서 흑산도로 가는 배를 탔다. 사철 푸르다 못해 검게 보인다고 해서 흑산도라는 이름이 붙었다는 섬. 정약전이 맨 처음 닿은 곳은 소흑산도, 즉 우이도다. 당시 본도인 흑산도는 대흑산이라 했고 문순득이 살던 우이도는 소흑산이라 했다. 약전은 곧바로 흑산도까지 가지 못하고 우선 우이도에 거처를 정했다. 우이도에서 흑산도까지 가려면 또다시 배를 타야 하는데, 뱃길도 험할뿐더러 흑산도의 겨울 추위는 워낙 혹독했기 때문에 유배인들이 우이도로 나와서 머무는 일이 많았다고 한다. 최익현의 『면암집』에도 '흑산도 유배에 처해진 사람들은 지금의 흑산도까지 들어가지 않고, 육지와 조금 더 가까운 이곳 우이도에 와서 유배 생활을 보내기도 했다'라는 기록이 남아 있다.

한승원은 소설 『흑산도 하늘길』에서 정약전을 마중 나온 작은 어선의 선주를 문순득으로 추정했다. 외딴섬에 유배를 간 사람들은 그 지역 유지들의 도움을 받아 고단한 유배 생활을 버텨나간 것으로 보이는데, 우이도에서는 문씨 집안이 바로 그런 도움을 준 것 같다. 정약전보다 더 후에 유배된 최익현도 우이도에 들어가서 문주인이라는 사람의 집을 처소로 사용했다. 우이도의 문씨들은 이처럼 유배 온 이들을 도와주면서 그들의 덕망과 인품을 배웠다.

문순득은 자기 집 가까이에 정약전을 모셨다. 정약전이 머물렀다는 집터가 아직도 남아 있는데, 집을 둘러쌓은 돌담은 무너져 내렸고 집터는 무성한 마늘밭으로 변했다. 이곳을 문순득의 후손 문채옥 옹이 30년 전에 사놓았지만 복원이나 보수의 손길은 아직 미치지 못했다.

문순득은 정약전을 집 근처에 모시고 태사도로 홍어를 사러 간다. 배를 두 척 부리면서 흑산도 일원에서는 상당히 큰 어상이었던 문순득은 큰 배로는 홍어를 잡고, 작은 배로는 잡은 홍어를 싣고 나주 영산포로 가서 팔았다. 돌아오는 길에는 쌀과 곡식을 사다가 양식이 귀한 섬에 되팔아 이문을 남겼다.

그러던 문순득이 인생의 큰 전기를 맞는다. 홍어를 사서 태사도에서 돌아오는 길에 풍랑을 만났고, 오랜 표류 끝에 고향에 돌아와 그 놀랍고 신기한 표류 경험담을 정약전에게 들려줌으로써 역사상 최장 기간, 최장 거리의 표류기를 소중한 문화유산으로 탄생시킨 것이다. 문순득이 아무리 특별한 표류를 하고 돌아왔다 해도 그 가치를 제대로 알아준 정약전 같은 실학자를 만나지 않았더라면 문순득의 표류는 한낱 어상의 모험담 정도로 잊혀버렸을지도 모른다.

그 정경을 상상해보라. 돛은 부러지고 노는 꺾인 채 바다 위를 떠돌면서 죽다 살아나 아무도 듣도 보도 못한 낯선 나라들을 돌아다닌 이야기들을 쏟아놓는 문순득과, 그 놀라운 표류담에 때로는 무릎을 치고 때로는 놀라 입을 다물지 못하면서 글을 써 내려가는 실학자 정약전. 이제 우리도 200여 년 전 우이도로 여행을 떠나, 조선 시대 최대 실학자 중 한 사람인 정약전 곁에 앉아 문순득의 모험담을 들어보자.

3
최장 기간, 최장 거리의 표류가 시작되다

1801년 12월

우이도에서 배에 짐을 싣고 태사도로 들어갔다. 홍어를 사기 위해서다. 우리 뱃사람들은 홍어를 무럼이라고도 부른다. 배는 상고선으로 쌀 100섬 정도를 실을 수 있는데, 내가 이 배의 선주다. 태사도는 대흑산도 남쪽으로 수백 리에 있는 섬인데, 이 부근 바다에서 홍어가 많이 잡힌다.

배에는 나의 작은아버지 문호겸과 마을 사람인 이백근, 박무청, 이중원 그리고 머리를 두 가닥으로 땋은 사내아이인 김옥문, 이렇게 6명이 함께 탔다.

이렇게 출항하는 배에는 뱃서낭을 모셨다. 푸른색, 붉은색, 누른색의 삼색 옷감에다 바늘을 꽂아서 벽에 걸었는데, 삼색의 옷감은 뱃서낭이 입는 옷이고 바늘은 뱃서낭이 쓰는 용품이었다. 아무리 뱃길에 익숙한 섬사람들이라 해도 사실 배를 탈 때마다 아내와 자식들이 기다리는 고향집으로 무사히 돌아올 수 있을지 겁이 나는 건 어쩔 수 없었다. 뱃서낭은 뱃사람들의 그런 두려움을 잠재워주며, 고기가 많이 잡히게 해달라는 뜻도 있었다.

뱃고사는 주로 명절 때 지냈는데, 출어 때 지내기도 했다. 선주가 제주를 맡는데 제주는 하지 말아야 할 일이 많았다. 가족 중 임신이나 출산을 한 사람이 있으면 집에 들어가지 말아야 하고, 개고기나 상한 음식을 먹어서도 안 되며 상가에도 가지 말아야 했다. 제상에는 출어 후 처음 잡힌 고기 중 크고 좋은 것을 골라서 소금에 절여 말려두었다가 올렸다.

뱃고사는 밀물처럼 복이 밀려들어오라고 만조 때 지냈으며, 고사가 끝난 다음에는 쌀을 바다에 뿌리면서 용왕에게 빌고 이어서 헌식을 했다. 상에 놓인 음식을 조금씩 떼서 바가지에 넣고 고루 섞어 바다에 뿌리는 것이다. 이렇게 뱃고사를 지내고 나면 바다에서 바람이 불거나 위험한 처지에 놓여도 마음이 훨씬 안정되었다고 한다.

1802년 1월 18일

해가 바뀌었다. 홍어를 사서 닻줄을 풀고 다시 소흑산을 향하는데, 변도쯤이었을 것이다. 변도는 대흑산도와 태사도의 중간에 있는데, 우리는 여기를 곡갈이라 부른다. 그런데 이쯤에서 갑자기 서북쪽에서 일어난 큰바람이 몰아쳐 왔다. 배가 바람에 몰리면서 수백 리 바닷길을 남쪽으로 떠밀렸다. 진도의 서쪽에 있는 조도를 바라보고 가까이 가려고 했다. 그런데 배가 계속 떠밀려서 갈 수가 없었다.

앞을 보니 망망대해. 수평선에는 점 하나 없었다. 그렇게 날은 캄캄해지는데 큰바람은 여전히 줄지 않고 거세게 불었다. 오경(새벽 3~5시)쯤이었을까, 바람을 못 이

긴 채 키 자루가 꺾였다. 돛은 펼 수가 없어서 돛대를 고물에 묶어서 키로 쓰고, 배가 가는 대로 내맡길 수밖에 없었다.

돛은 배의 생명이다. 돛을 달면서 배가 빨라졌다고 한다. 바다에서 뜻하지 않은 해류를 만난다 해도 돛과 키가 온전하면 큰 문제가 되지 않는다. 하지만 돛과 키가 제 기능을 못 하면 아무리 큰 배라도 망망대해에 떠다니는 한 점 나뭇잎에 지나지 않는다. 문순득 일행이 탄 배는 쌀 100섬 남짓밖에 실을 수 없는 작은 배였다. 그런데 키 자루가 바람에 꺾여버린 데다 돛을 펼 수가 없었으니, 방향을 모르고 파도에 휩쓸려 다니는 배 위에서 그저 하늘에 기도만 올리는 수밖에 도리가 없었다.

공포의 망망대해

바다에서 표류한다는 건 어떤 경험일까? 잠시 해양 탐험가 채바다 씨를 만나보자.

옛날의 바닷길은 배를 타고 가는 길에 풍랑을 만나 정처 없이 흘러가다가 어느 날 문득 육지에 다다르고, 그 길을 또 다른 사람들이 지나기를 반복하는 과정이 몇 번씩 거듭되면서 개척되는 일이 많았다. 말하자면 표류로 생겨난 바닷길이 나중에 항로로 발전한 것이다.

떼배(뗏목처럼 통나무를 엮어 만든 연안 작업용 배)를 만들어서 타고 고대 항로를 탐험한 채바다 씨도 도중에 표류와 다름없는 상황을 많이 겪었다고 한다.

"망망대해에 떠 있으면 얼마나 무서운지 상상할 수 없을 정돕니다. 밤에 보면 바다의 높은 파도는 상어 이빨처럼 보여요. 마치 나를 삼킬 듯이 달려드는데, 그래서 죽을 고비도 수없이 넘기게 되죠. 폭풍을 한번 만나면 시간마다 분마다 죽음의 고개를 넘기는 거예요. 파도가 잇따라 오니까 바람이 멈췄다가는 이틀씩 휘몰아치잖아요. 거기서 죽음을 몇 번 경험하겠어요. 그래서 수십 번 수백 번 죽을 고비를 넘긴다는 건 과장된 얘기가 아니에요. 아마 옛날에는 더했을 겁니다. 표류를 당했다면 살아남은 사람보다 죽은 사람이 훨씬 많았을 게 분명합니다. 죽은 사람 숫자는 거의 기록에 나타나지 않으니까, 기록 중에 열 사람이 살아 돌아왔다고 하면 표류를 당해 죽은 사람은 그보다 훨씬 많았을 겁니다."

목숨을 건 바닷길. 1970년대까지만 해도 돛배를 타고 그런 바닷길을 건너 옹기를 팔러 다니던 사람들이 있었다. 지금도 옛날 방식 그대로 전통이 이어지는 칠량 옹기 장사꾼들이 그들이다.

전남 강진군 마량면 칠량 바닷가에서 제주를 향하는 배를 낸다. 아침에 배를 타서 별 탈 없이 순항하면 강진에서 완도 청산도를 거치는데, 보통 아침 6시에 출발하면 적어도 오후 2시에는 제주도에 도착할 수 있었다. 그런데 바다는 늘 예기치 않은 바람을 일으켜 앞길을 가로막았고, 때로는 생명까지 앗아갔다. 칠량 옹기 장사꾼 김일식 옹의 경험담이다.

"내가 해방되면서 스물네 살이었고, 그때부터 여든 될 때까지 배를 탔으니까 한 60년 옹기선을 탄 셈이지. 동네에 배가 10척 정도 있었고 옹기 운반선은 10톤 정도였어. 보통 3명이 같이 다니는데 선장은 따로 없이 배 주인이 하고, 1명은 밥해주는 사람, 또 1명은 선장 밑에서 일하는 사람이지.

갈 때는 아침 7시에 나서면 제주도로 곧바로 간 것이 아니고, 중간에 청산 바다를 거쳐야 해. 아침에 출발해서 보통 낮 12시가 되면 청산 바다까지 도착하는데 가다가 바람을 만날 때가 많아. 돛이 10미터라 칠 때 바람이 세게 불면 돛을 1미터 정도 묶고, 바람이 아주 세면 2미터를 더 조이고 더 심하면 5미터를 조여서 가지. 그렇게 해서 우선 제일 가까운 섬으로 들어가서 바람을 피하는데, 바람이 잠잠해질 때까지 그냥 며칠이고 거기서 기다려야 돼. 그때는 라디오밖에 없어서 라디오로 기상통보 듣다가 바람이 잠잠해졌다고 하면 다시 출항하는 거여.

내가 젊었을 때 일인데, 나처럼 옹기선 타던 우리 동네 장정들이 제주도에서 물건 싣고 나오다가 불바람을 맞았어. 그래서 일본까지 떠밀려갔는데, 셋 중에 둘은 죽어서 어디로 갔는지 모르게 됐지. 시체가 발견된 사람은 나이가 스물다섯 정도였으니 건장했지만 그런 바람에 당할 재간이 있겠나. 마침 배에 출항 증명서가 있어서 일본에서 한국 사람인 줄 알고 시체를 돌려보내줬대.

나도 바람이 세게 불어서 죽을 뻔한 때가 많지. 그때가 여름이었을 건데, 우리 배가 한 번에 네 척이 갔었는데 청산쯤에서 바람을 만난 거여. 파도는 하늘까지 솟아오르지, 비는 억수로 쏟아지지, 바람은 어찌나 센지 귀를 찢을 것 같지. 아휴, 말도 못 하지. 청산서 배는 출발했다는데 없고, 집에서는 죽었다고 소문이 나고……. 무섭지 않았느냐고? 무서워도 어쩔 수 없었지. 배운 게 그것뿐인데. 애들 학교도 보내야 하고, 죽으나 사나 건너가야지. 돛배는 바람으로 다니니까 순전히 바람이 세게 불면 세게 부는 대로 성가시고, 안 불면 안 부는 대로 성가시고 그런 거여. 큰바람 분다고 안 갈 수 있는가. 그래도 다시 젊어져서 그 배 타라고 하면 안 타지, 그 무서운 걸 왜 또 타느냐고."

항해와 표류

바닷길을 건너는 일은 크게 항해와 표류로 나눌 수 있다. 항해는 특정한 집단이 특정한 목적을 가지고 늘 사용하던 항로를 따라 오가는 것으로, 사신선이나 무역선 또는 어선이 정상으로 운행할 때는 항해라 한다. 반면 표류는 돌발 상황에 의한 것으로, 늘 있는 것이 아니라 어쩌다 우연히 발생하는 것이다. 이것이 항해와 표류의 차이점이다.

그런데 이처럼 뜻하지 않게 발생하는 표류는 단순한 재난 상황으로 그치지 않고 역사상 여러 가지 중요한 역할을 했다. 표류의 역할은 먼저 새로운 항로의 발견이다. 바다에는 길이 있는데, 그 길을 찾는다는 것은 최고의 항해 기술을 습득하는 것과 마찬가지일 것이다. 그런데 표류를 통해 예기치 않게 새로운 항로를 개발하는 일도 있었다. 다른 지역으로 일정하게 진출하는 계기를 만든 것이다. 그러다 보면 표류가 정상적인 항해가 되고 그 항해를 통해 한 집단이 이주를 해서 새로운 영토나 식민지를 개척하고 문화를 전파하게 되기도 했다.

표류는 또한 국제 교류의 매개 역할을 했다. 표류로 예기치 않은 곳에서 적국 간에 만나서 서로를 돌봐줌으로써 잘 알지 못하거나 불편하던 양국 관계를 푸는 계기가 되기도 한 것이다. 문순득이 거친 바닷길 역시 동아시아 각국의 문물이 오간 고대 항로와 일치한다고 한다.

동아시아 지역은 바다로 둘러싸여 있기 때문에 나라 사이의 교류가 활발했다. 항로를 결정하는 주된 요인인 해류를 살펴보면 동남아 해역은 필리핀에서 출발한 구로시오해류 또는 흑조(黑朝)라 부르는 해류가 흐른다. 구로시오해류는 유속이 빠르고 따뜻하며 동북쪽 방향으로 여러 지류를 형성한다. 남중국해에서 흘러들어오는 지류는 대만해협을 지나 창장 강 유역에서 동북쪽 방향으로 계속 올라와 한반도와 제주도로 흘러간다. 그중 일부 지류는 한반도 서해안을 따라 계속 북상해서 발해만까지 올라간다. 따라서 동남아시아 지역에서 구로시오해류를 타게 되면 자연스럽게 제주도나 한반도 남해안 지역에 도착할 수 있다.

항로를 결정하는 또 한 가지는 바람인데, 어떻게 보면 해류보다

▶ 동아시아 해역의 해류와 조류

바람이 더 중요하다고 할 수 있다. 바람을 이용하게 되면서 사람들은 더 먼 곳까지 항해할 수 있었다. 바다에도 계절풍이 있는데 주로 음력 4월부터 6월 초까지는 남풍 계열, 특히 남서풍이 불어온다. 따라서 동남아시아 지역에서 계절풍과 구로시오해류를 이용하면 저절로 동아시아에서 한반도 쪽으로 북상할 수 있다.

문순득이 흑산도에서 표류해 류큐로 흘러간 때는 겨울철이니 계절풍과 해류의 방향이 달랐다. 겨울철에 음력 10월부터 1월까지는 동아시아 지역에서 북풍 계열의 바람이 분다. 이 바람을 활용하면 반대로 한반도 서남해안 지역에서는 제주도를 거쳐 오키나와라든가 심지어는 동남아시아 지역까지도 항해가 가능하다.

그러니까 여름철에는 동남아시아에서 한반도 서남해안 쪽으로, 겨울철에는 반대로 한반도 서남해안에서 동남아시아 쪽으로 항해가 주로 이루어졌다. 이렇듯 계절풍과 해류, 조류의 방향에 따라 항로를 설정한다고 해도 워낙에 변수가 많은 바다에서 그 항해가 안전하리라고 보장할 수는 없었다. 그래서 나라에서 운영하는 조공선(朝貢船)이나 사신선 등은 특별한 위기 상황이 아니라면 가장 적합한 날씨와 적합한 날짜에 항로를 택해 출발했다.

그러나 아무리 신중하게 항해를 계획해도 표류는 피하기 힘들었다. 하물며 100섬 남짓의 화물을 싣고 연안을 오가던 문순득의 작은 배는 어땠겠는가. 언제라도 표류의 위험을 안고 있을 수밖에 없었다. 일정한 방향으로 부는 계절풍도 사나흘씩 원래의 계절풍 방향과는 다른 방향으로 불 때가 있는데, 이런 때 표류를 당하는 일이 많다. 문순득 또한 그 역방향의 계절풍에 휩쓸려버린 것이다.

어떤 사람들이 표류했을까

1599~1872년 동안 한반도 전역에서 일본에 표류한 통계를 보면 967건에 9,751명이었다. 그리고 일본열도에 표착한 조선인 중 거의 2명에 1명은 전라도 출신이었다. 현재 남은 기록으로 볼 때 전라도 출신의 표류 건수가 가장 많은 해는 1859년으로 총 11건이었다. 그 해의 전체 표류민은 126명으로 가장 많은 표류민이 발생한 해다. 한편 한반도 서남해안에서 일본열도로 가장 많은 표류가 발생한 시기는 주로 11월과 12월이었다. 그다음이 1월, 10월, 9월 순이다. 9월에서 2월에 이르는 시기에 전체 표류의 거의 80퍼센트가 집중되어 있

다. 즉 표류가 가장 많이 발생한 계절은 한반도의 북서쪽 대륙에서 강한 계절풍이 불어오는 겨울과 가을이었다.

표류의 동기로는 먼저 고기잡이를 나갔다가 표류한 경우가 가장 많았다. 그다음이 장사하러 가다가 또는 돌아오다가 표류한 경우다. 또 물품을 구입하러 가다가 표류한 일도 꽤 되고, 농작물을 파종하거나 수확하기 위해 배를 타고 가다가 혹은 이사를 가다가 표류하기도 했다. 그러나 수많은 표류 경험자들은 자신들의 구사일생 표류기를 기록으로 남기지 못했다. 표류민 대부분이 문자를 깨우치지 못했기 때문이다. 그러니 문순득과 정약전의 인연은 역사적으로도 의미가 크다. 장장 3년 2개월 동안 무려 세 나라를 떠돌다 돌아왔지만, 정약전이라는 실학자를 만나지 않았다면 그 소중한 기록은 한때의 무용담으로 뱃사람들에게나 회자되다가 사라져버렸을 것 아닌가.

그러면 역사 기록에 남아 있는 몇 가지 특이한 표류담을 살펴보도록 하자.

이사 도중에 표류하다

1810년 3월 중순, 전라도 순천에 사는 17명이 경상도 밀양으로 이사를 가기 위해 배를 띄웠다. 그들은 도중에 거센 바람을 만나 표류했고, 다음 달 4월 3일 쓰시마 섬의 포구에 닿았다가 돌아왔다. 탑승자 17명 중 3명은 병으로 죽고 나머지 사람들만 조선으로 송환되었다. 같은 해 12월 하순쯤 전라도 강진 주민 6명도 배를 타고 경상도 울산으로 이사하던 중 표류했다. 이들은 나가토에 닿았고 1811년 9월 21일에 쓰시마 섬을 경유해 돌아왔다. 다음으로 1814년 11월 중순, 강진에 살던 12명이 제주도로 이사하기 위해 배를 띄웠다가 11월 15일 쓰시마 섬에 닿은 후 돌아왔다.

이 3건은 모두 비슷한 시기에 강진, 순천 등지에 살던 사람들이 밀양, 울산, 제주 등지로 이사를 가다가 표류한 경우다. 그들은 짧게는 한 달, 길게는 아홉 달을 일본에서 머무른 다음 본국으로 송환됐다.

이렇게 이사 중에 표류했을 때는 여자들도 끼어 있었다. 순천의 표류민 중에는 여자가 8명, 강진의 표류민 중에는 5명이었다. 전라도 출신 표류민 중에 여자가 탑승한 것이 분명하게 기록으로 남은 것만 하더라도 이사를 포함에서 모두 35건, 529명에 이를 정도고, 전체 표류민 수의 10퍼센트를 넘게 차지한다. 이들 중에는 배 안에서 아기를 낳거나 일본에 표착한 뒤에 출산한 예도 적지 않다. 건장한 남자에게도 쉽지 않은 표류 상황을 임신한 몸으로 어떻게 견뎌냈을까.

아버지도 표류하고 아들도 또 표류하고 – 이방익 표류기

1784년 무과에 급제한 이방익은 1796년 서울에 있는 아버지를 만나기 위해 제주에서 배를 탔다가 중국으로 표류했다. 이방익이 제주에서 배를 띄운 때는 9월 21일로, 일행 7명과 함께 탄 배는 10월 6일에 타이완 서쪽에 있는 펑후 섬에 닿았다. 이방익은 그곳에서 10

여 일을 머물다 타이완으로 호송된 후 여러 섬을 거쳐 베이징에 도착했다. 돌아오기까지는 약 9개월이 걸렸다.

정조 임금이 이방익을 불러 표류의 정황을 물었는데, 대답이 명쾌하지 않았다. 이때 연암 박지원이 연천 군수로 임명돼 임금을 알현하자 정조는 박지원에게 이렇게 이른다.

"이방익의 일은 매우 신기한데, 애석하게도 글 짓는 능력이 좋지 않으니 그대가 마땅히 지어 올리라."

박지원 또한 이방의 문물을 경험하고 돌아온 이방익의 표류에 남다른 관심을 가진 터였기에 흔쾌히 이방익의 구술을 바탕으로 표류기를 썼다. 이방익이 표류의 정황을 이야기하기 시작했다.

"신은 일행 7명과 함께 표류를 당해 굶어 죽을 위기에 처했사옵니다. 그런데 이때 홀연히 큰 물고기 한 마리가 나타나 배 위로 뛰어올랐습니다."

이렇게 7명이 그 물고기를 잡아서 굶주림을 해결하고 나니, 이제는 하늘에서 큰비까지 내려와 타는 갈증을 해결해주었다고 했다.

그런데 놀랍게도 이방익의 아버지 이광빈도 젊은 날 무과 시험을 보기 위해 바다를 건너다가 표류를 당한 적이 있다고 했다. 바다에서 죽다 살아난 경험을 부자가 똑같이 치른 것이다.

이광빈은 일본 나가사키로 표류했는데, 표류 과정에서 특별한 경험을 했다. 나가사키에 머물 때 어떤 의사가 찾아와서 그를 자기 집으로 데려가 극진하게 대접을 하고는 한 가지 제안을 했다. 조선으로 돌아가지 말고 나가사키에서 함께 살자는 것이었다. 그런 얘길 나누는데 웬 아리따운 여자가 나타났다. 그 의사의 딸이었다.
 의사가 말했다.
 "우리 집에는 돈이 풍족하지만 아들이 하나도 없고 단지 이 딸애만 있을 뿐입니다. 당신이 내 사위가 되어주시면 어떻겠습니까? 내가 늙어 죽으면 재산은 모두 당신 것이 되는 겁니다."
 아름다운 여자와 엄청난 돈, 쉽게 물리치기 힘든 제안이지만 이광빈은 그곳에 눌러앉지 않았다. 박지원은 이를 두고 '비록 섬에 사는 무관이었지만 의연하여 열사의 풍도가 있었다'라며 칭송을 아끼지 않았다. 이광빈은 그 제안을 물리치며 이렇게 말했다고 한다.
 "자기 부모의 나라를 버리고 재물과 여자를 탐하고 사모하여 남의 나라에 귀화한다면 개돼지만도 못할 것입니다. 더구나 내가 우리나라에서 과거에 급제하면 부귀를 얻을 수 있을 터인데, 하필 당신의 재산과 딸을 얻으려고 하겠습니까?"

승려 표류담

 전라도 해남의 대둔사(지금의 대흥사) 승려인 풍계대사는 1817년 11월 18일 일본으로 표류해 9개월간 체류하다가 이듬해 7월 15일에 귀국했다. 어쩌다가 승려가 표류를 당했을까?
 1811년 대둔사에서 큰불이 나서 천불전이 불타버렸다. 7년 동안 재건한 끝에 1817년 가을에 천불전은 완성됐지만 그 안에 모실 불상이 없었다. 그래서 대둔사 승려들은 멀리 경상도 경주 불암산까지 가서 옥을 쪼아 불상을 만들었다. 불상이 완성됐으니 이를 대둔사로 옮겨야 하는데, 그 많은 불상을 도저히 육로로는 실어 나를 수 없었다. 그래서 바닷길을 이용하기로 했다. 풍계대사가 그 운송을 맡았다. 배는 두 척으로, 천 좌의 불상을 768좌와 232좌로 나누어 실었다.

1817년 11월 18일 불상을 실은 배 두 척이 경주 장진포를 출발해 울산 장생포로 향했다. 장생포까지는 무난한 항해였다. 그런데 다시 해남을 향하던 중 이튿날 동래 근해에서 폭풍을 만났다. 불상 232좌를 실은 상선은 다행히 동래로 정박했는데, 훨씬 많은 불상을 실은 상선은 표류를 당했다. 이 배에는 풍계대사를 비롯해 승려 15명이 타고 있었고 일반인도 12명이나 되었다. 표류선은 경주를 출발한 지 열흘 뒤인 28일 일본 오시마 섬으로 흘러들어갔다. 관리가 와서 조사한 뒤 그들을 나가사키의 조선관으로 보냈다. 조선관은 쓰시마 번의 나가사키 출장사무소 비슷한 곳으로, 일본 각지에 표류한 조선인들이 머무르는 장소이기도 했다.

쓰시마 섬으로 이동한 뒤 이듬해 6월 17일에 배는 조선 동래를 향해 출발했다. 그런데 배는 동래 근해에서 또다시 표류를 당했다. 다행히 일본으로 떠밀려가지는 않았고 가덕도에 이르렀다. 다시 출발한 배는 일본을 출발한 지 거의 한 달 만인 7월 14일에 해남 앞바다에 도착했다. 운송 과정에서 두 번의 표류를 겪었는데도 인명 피해는 물론이고 불상 한 좌도 다치지 않았다. 그래서 다음 달인 8월 15일에 천불상을 대둔사에 봉안할 수 있었다.

고한록 위장 표류 사건

제주도 사람 고한록은 무려 네 차례에 걸쳐 중국으로 표류했다. 그의 특이한 표류 행적은 중국 문헌에도 남아 있을 정도다.

고한록은 1827년 4월 2일 장쑤 성 둥타이 현에 닿았고, 6년 뒤인 1833년 6월 26일에도 같은 장쑤 성 하이저우 지역으로 흘러들었다. 이어 3년 뒤인 1836년 8월 3일에는 장쑤 성 난후이 현에, 이듬해인 1837년 9월에는 저장 성 딩하이 현에 닿았다.

그러자 제주에서는 고한록이 일부러 중국으로 표류했다는 소문이 돌게 됐다. 제주 목사가 고한록을 불러 직접 심문했더니 소문처럼 고한록은 위장 표류했다는 사실을 인정했다. 게다가 앞서 드러난 네 번의 표류 외에 또 다른 표류도 시도한 적이 있었다고 털어놓았다. 첫 번째 표류 2년 뒤인 1829년 3월에도 동료와 함께 중국을 향해 위장 표류를 감행했다가 풍랑에 밀려 실패하고 전라도 우수영으로 되돌아온 적이 있다는 것이었다.

고한록은 왜 이렇게 중국 위장 표류에 재미를 붙이게 되었을까? 제주 목사가 그 까닭을 묻자 고한록은 "중국에서 표류민을 후하게 대해주기 때문"이라고 대답했다. 당시 중국에서는 표류민에게 먹을 것과 입을 것을 주는 것은 물론이고 배가 난파했을 때는 그 값을 쳐주었다. 고한록은 1833년 두 번째 표류 때는 "이전보다 3배나 많이 받았다"라고 진술했다. 이 정도면 중국에서 눈치 챌 법도 하지만 당시 중국은 위장 표류 사실을 안다 해도 대국(大國)으로서 아량을 베푼다는 뜻에서 그다지 엄격하게 따지지 않았다고 한다.

이런 위장 표류는 고한록의 경우로 그치지 않았다. 이곳저곳에서 비슷한 사례가 이어졌고, 마침내 조선 정부에서는 이런 규정을 만들었다.

'잡힌 자에게는 엄한 형벌을 내리고 일정한 장소로 귀양 보낸다.'

그리고 고한록은 효수당했다. 헌종 4년(1838) 7월 21일 기사에 이 일이 실려 있는데, 비변사에서 이런 내용을 건의했다.

'지금 전라 감사 이헌구가 올린 계본(啓本)을 보았더니, 제주의 백성 고한록이 정해년(1827) 이후로 은밀하게 무뢰배를 모집한 다음 배를 훔쳐 타고 일부러 표류하여 저쪽 땅에 깊이 들어간 것이 네 차례에 이르는데, 글을 써서 통역하며 돈을 얻으려고 은으로 현혹했다고 합니다. 실로 해괴한 행동이니 중죄로 다스림이 합당합니다.'

이에 조정에서 회의가 열렸고 이렇게 결정했다.

'서북 지방에서 국경을 넘어가는 백성을 다스리는 율에 의거하여, 제주 목사에게 다시 돌려보내 군민을 모아놓고 효수하여 뭇사람을 경계하게 하라.'

고한록처럼 표류를 위장한 사람을 일컬어 가작표인(假作漂人)이라 했다. 거짓으로 꾸민 표류민이라는 뜻이다. 이것을 고표(故漂)라고도 했는데, 고의로 표류한다는 뜻이다. 고표에는 여러 원인이 있었겠지만 고을 현령을 비롯한 탐욕스러운 관료들이 주민들을 대상으로 약탈을 일삼기 때문이기도 했다.

표류는 많았다, 기록되지 않았을 뿐

제주도에는 표류와 관련한 기록을 따로 정리한 자료가 있다. 역시 중국과 일본, 류큐 등으로 표류한 일이 많았고, 반대로 제주로 표류해 온 이들도 많았다.

먼저 중국에 표류한 사람들을 보자.

세종 25년(1443) 강권두(姜權豆) 등

성종 2년(1471) 김배회(金杯廻) 등 7명

성종 14년(1483) 정의현감 이섬(李暹) 등 47명

성종 19년(1488) 최부(崔溥) 등이 닝보에 표류

중종 2년(1507) 이복대(李福大) 등 7명

중종 6년(1511) 고치강(高致江) 등 17명

중종 7년(1512) 김일산(金一山) 등 9명

중종 22년(1527) 이근(李根) 등

중종 29년(1534) 김기손(金紀孫), 만주(萬珠) 등 12명

중종 37년(1542) 이개질(李介叱) 등 21명

명종 2년(1547) 김만현(金萬賢) 등 64명

선조 9년(1576) 양준(梁俊) 등 22명

영조 46년(1770) 부차길(夫次吉) 등 22명

영조 48년(1772) 진상물 수송선 표류

정조 2년(1779) 고수만(高守萬) 등 41명

정조 18년(1794) 송경천(宋擎天) 등

정조 21년(1797) 이방익 등

헌종 4년(1838) 고한록 등

제주에서 류큐로 표류한 사람들도 많았다.

세조 3년(1457) 한금광(韓金光), 김신(金新), 석을이(石乙伊) 등

세조 4년(1458) 복산(卜山) 등 3명

세조 7년(1461) 양성(梁成), 고석수(高石壽) 등

성종 10년(1479) 김비의(金非衣), 강무(姜茂) 등

명종 원년(1546) 박손(朴孫) 등

영조 17년(1741) 21명

영조 46년(1770) 장한철(張漢喆) 등

다음으로 일본으로 표류한 기록이다.

세종 25년(1443) 김목(金目), 김막(金莫) 형제

단종 원년(1453) 이(李), 김(金) 등 7명

세조 13년(1467) 김석이(金石伊) 등 2명

성종 15년(1484) 존자암 승려 사식(斯湜) 등 9명

성종 17년(1486) 미지의 번주가 표류민을 데려옴

연산군 7년(1501) 정회이(桹廻伊) 등 여도(旅島)에 표류

중종 31년(1536) 김공(金公) 등 14명이 제주 표류민 11명 송환

중종 35년(1540) 강연공(姜衍恭) 등 19명

선조 20년(1587) 쓰시마 도주, 제주 표류민 송환

현종 6년(1665) 김원상(金元祥) 등

숙종 40년(1714) 정창선(鄭敞選) 나가사키에 표류, 생환

정조 22년(1798) 조필혁(趙必赫), 이원갑(李元甲) 등

순조 15년(1815) 정의현감 이종덕(李種德) 등

광무 4년(1900) 허희일(許希一) 등 93명 후쿠이 현에 표류, 생환

어쩌면 이렇게 기록에 남겨지지 않은 더 많은 표류가 있었을지도 모를 일이다. 예기치 않은 바람과 파도는 인간에게 순탄한 항해를 쉽게 허락하지 않았기 때문이다.

홍어를 사다 팔아서 중개업을 하던 우이도 상인 문순득도 스물다섯의 나이에 태사도 앞바다에서 그렇게 표류를 당했다. 날은 어두워지고 키 자루가 꺾이고 돛은 펴지도 못한 상황에서, 캄캄함 밤바다 위를 한 치 앞도 분간하지 못한 채 떠밀리고 있었다.

노도의 바다 추자도 해역

1802년 1월 19일

뜬눈으로 밤을 지새운 채 날이 밝았다. 동남쪽에 큰 산이 보였다. 뱃사람에게 어

디인가 묻자 제주라고 했다. 눈앞에 섬은 보이는데, 가까이 갈 수 없었다. 바람이 우리를 가로막고 있었다. 다시 망망대해로 떠밀렸다.

바다에서는 예기치 않은 상황이 많이 일어난다. 특히 추자도 부근이 그렇다. 문순득을 다시 망망대해로 떠밀어낸 곳도 이 추자도 해역이었을 것이다. 끝도 깊이도 모를 바다 위를 헤맬 때 엄습하는 공포와 불안과 아득한 절망감은, 바다를 삶의 터전으로 살아보지 않은 사람들은 상상할 수 없는 일일 것이다.

병자호란 후 청나라에 굴복하기를 끝끝내 반대한 김상헌(金尙憲)은 32세 때 제주에서 일어난 반란 모의 사건을 수습하기 위해 추자도 부근을 건너다가 표류를 당할 뻔했다. 당시 심경을 그는 『남사록(南槎錄)』이라는 제주 기행문에 이렇게 남겼다.

'하늘을 향해 관세음보살을 외우는 수밖에 다른 도리가 없었다.'

바람이 없어도 파도가 일어난다는 곳, 추자도. 추자도는 제주도와 육지 뱃길의 중간쯤에 있는 섬으로, 추자도를 중심으로 한 제주해협은 다섯 종류의 바닷물이 계절에 따라 다르게 물살을 만든다. 이 일대에서 갑자기 강한 북서풍을 만나면 일본의 고토 제도나 쓰시마 섬 등으로 떠밀려갔고, 남동풍을 세게 받으면 중국의 어느 바닷가로 표류했다.

1726년 2월 9일, 제주 북포의 김일남과 부차웅이 판매할 물건을 싣고 배로 떠났다. 동행은 모두 9명이었다. 추자도를 지나는데 동북풍이 크게 일어서 키와 노가 다 부러졌다. 바다 안개가 배를 짜놓은 듯 자욱해 지척도 분간하기 어려웠다. 오로지 바다 한가운데로 떠갈 뿐이어서 어느 방향에서 바람이 불어오는지 어떤 바다 위를 흘러가는지조차 알지 못했다. 그저 해가 뜨고 지는 것을 살펴서 동서를 구분할 뿐이었다.

그 사이에 큰 물결이 솟구치고, 흉악한 물고기가 출몰해 배가 위급한 것이 여러 번이었다. 노와 키 등속은 부러지고 꺾여서 쓸 수가 없었다. 그나마 여러 날 소금물을 끓여서 이슬을 받느라 쪼개어 불을 때는 바람에 남은 것이 없었다. 배는 마치 표주박이 혼자 떠가는 형국이어서 사람의 힘을 펴볼 수가 없었다. 큰 물결과 흉악한 물고기의 위협을 감당하면서 어디로 흘러가는지도 모르는 채 망망대해에서 며칠을 떠다니다 보면 가장 견디기 힘든 고통이 갈증일 것이다. 그렇다고 짜디짠 바닷물을 그대로 마실 수는 없는 일이니 부러진 노와 키를 다 쪼개서 바닷물을 끓이고, 거기서 받아낸 이슬로 목을 축이면서 하루하루 목숨을 연명했다. 문순득 일행이 표류당해 낯선 바다에서 떠다닌 것은 열하루였고 더구나 그들이 표류당한 시기는 맹추위가 기승을 떨치는 음력 섣달에서 정월 사이였으니, 문순득 일행의 고통은 이들보다 더하면 더했지 못하지는 않았을 것이다.

성난 파도와 바람 앞에서는 동력선도 무기력하기는 마찬가지다. 일제강점기인 1922년에 한 일본 사람이 150톤급의 육중한 배로 바닷길을 나섰다. 목포를 출발해 추자도에서 하룻밤을 지내고 아침까지는 날이 좋았다. 고깃배가 출항할 수 있을 정도로 바다는 잔잔했다. 그런데 망망대해에서 느닷없이 바람이 불기 시작했다.

'배의 3배나 되는 것으로 보이는 큰 파도가 쿵 하고 뱃전에 부딪칠 때마다 배는 이상한 소리를 내며 재빨리 기울어진다. 아무리 호방한 사내라도 기절할 수밖에 없다.'

깜빡 기절했다 정신을 차려보니 집채만 한 파도가 또다시 달려들었다. 선장과 선원들도 혼비백산해 있고, 이제 배는 망망대해 위의 한 점 표주박 신세가 되었으니 할 수 있는 건 그저 두 눈 꼭 감고 하늘에 기도를 올리는 것뿐이었다. 하늘이 도왔는지 파도가 숨을 죽이고 다시 기적 소리가 울렸다. 이렇게 추자도 해역에서 조난당한 채 저승길 앞까지 갔다 온 그는 나중에 이렇게 말했다.

'이와 같이 절대적인 대자연의 놀림에 몸을 맡기는 신세가 되면 영리함과 어리석음, 아름다움과 추함도 한 푼의 가치도 없고, 우여곡절에 고뇌하는 인간 세계의 어리석음을 절실히 생각하지 않을 수 없다.'

한편 『표해록』으로 유명한 최부 역시 추자도 바다에서 표류했다. 1488년 1월, 제주에서 추쇄 경차관(도망친 범법자들을 찾아내던 직위)으로 일하던 최부는 부친상을 당해 고향인 전라도 나주로 배를 띄웠다.

함께 탄 일행은 42명. 바다를 향해 나아간 지 이틀 만인 1월 5일 추자도 해역에서 짙은 안개가 사방을 가로막아 앞을 분간할 수 없었다. 새벽인지 저녁인지 낮인지 밤인지도 알 수 없는데, 갑자기 장대비가 쏟아지더니 산같이 높은 파도가 일어섰다. 무섭게 달려드는 파도는 하늘에 닿을 듯 높이 솟았다가 깊은 연못으로 빠지듯 가라앉았다. 아비규환 속에 배는 더는 견디지 못한 채 난파되고, 파도 소리가 천지를 찢을 듯했다.

최부는 배 안의 물을 퍼내고 배를 수리하라고 명령했지만 넋이 나간 사람들은 아무도 명령을 따르지 않았다. 짠물을 마시고 죽느니 차라리 스스로 목숨을 끊는 게 낫다면서 활시위로 목을 매는가 하면, 끈으로 목을 매 자살하겠다고 하는 사람도 있었다. 결국 모두 살아 돌아가기를 포기한 채 의복을 단정히 하고서 죽음을 기다리자고 했다. 실로 그 길뿐인 듯했다. 최부는 인(印)과 마패를 품 안에 넣고 굴건과 상복을 갖추어 입고, 눈물로 기도했다.

"신, 평생 오직 충효와 우애를 근본으로 삼고 남을 속이지 않았으며, 어명을 받들어 봉공하던 중에 부친상을 만나 급히 고향으로 돌아가는 중입니다. 무슨 죄로 이와 같이 벌을 당하는지 알 길이 없습니다만, 신의 허물이라면 얼마든지 감수하겠으나 동승한 40여 명이 아무 죄 없이 이사를 당하게 되었습니다. 하늘이 이를 불쌍히 여겨 바람과 파도를 잠자게 해주소서. 그리고 신을 재생케 하여 돌아가신 아버지를 장사 지내게 해주시고, 연로하신 어머니를 봉양케 해주소서."

기도가 끝나자 모두 통곡하면서 하늘을 우러러보고 도움이 내리기를 빌었다.

기도가 하늘에 닿았을까? 잠시 파도가 잠잠해졌다. 조각난 돗자리를 수선해서 돛을 만들고 장대를 세워 돛대를 만들었다. 바람을 따라 서쪽으로 가는데 돌아보니 큰 물결 사이로 집채만 한 물체가 움직였다. 고래였다. 하늘로 거품을 내뿜는데 파도가 나부끼고, 동승한 사람들이 큰 고래는 배를 삼키고 작은 고래는 배를 뒤엎는다 했다. 이제 정말 죽었구나 눈을 감는데, 다행히 고래가 배를 비켜갔다.

또다시 캄캄한 밤. 바람과 물결이 다시 강해지고 배가 빨라졌다. 사람들이 바다에는 탐욕스러운 용신(龍神)이 있다 하니 갖고 있는 물품을 던져 제사를 지내자고 했다. 모두 앞 다퉈 옷가지를 벗어 던지고, 무기와 식량까지 바다에 던졌다. 그러나 용신은 화를 가라앉히지 않고 바다는 더욱 성을 냈다. 모두 통곡할 뿐 어찌할 바를 몰랐다. 이불 한 채를 찢더니 여럿이 서로 몸을 한데 묶어서 나무 막대에 동여맸다. 죽어서라도 시신이 배와 함께 오래도록 떨어지지 않게 하려는 것이었다.

날이 밝아서 둘러보니 다행히 아무도 죽지 않았다. 바다에서 헤맨 지 또 며칠, 이제 중국 땅 언저리쯤이려니 했는데, 여전히 바다 한가운데였다. 정신이 없으니 별을 헤아려도 방향을 알 수 없었다. 배 안의 짐을 모조리 뒤지니 먹을 것은 아무것도 없고 달랑 술 두 동이가 나왔다. 입술이 타는 사람들에게 혓바닥만 적시게 하고, 그마저도 바닥나자 오줌을 받아 마셨다. 얼마 가지 않아 오줌마저 말라버렸다. 그때 마침 비가 내려 모두 선실 추녀로 몰려들어 떨어지는 물을 손으로 받아 마시기도 하고, 삿갓으로 물을 모으기도 했다.

그렇게 바다를 떠돈 지 열나흘 만에 배는 가까스로 중국 저장 성 연안에 다다랐다. 이제 살았구나 싶었다. 그런데 미처 숨 돌릴 틈도 없이 이번에는 왜구 취급을 받았다. 말도 통하지 않는 낯선 나라에서 얼마나 심한 고초를 당했는지, 차라리 바다에서 죽었으면 오히려 편했을 것 같았다. 그러나 최부는 필담으로 낯선 중국 땅의 관헌과 주민을 설득해나갔다. 이렇게 해서 최부 일행은 중국 땅 8,800여 리를 돌아 표류 150여 일 만에 마침내 조선으로 돌아왔다.

그 기록이 『표해록』이다. 최부의 『표해록』은 마르코 폴로의 『동방견문록』(13세기), 일본 승려 엔닌의 『입당구법순례행기』(9세기)와 함께 중국 역사상 3대 기행문의 하나로 꼽힌다.

그러나 최부는 표류에서 돌아온 지 16년 후인 연산군 10년(1504)에 갑자사화를 맞는다. 이때 세조의 왕위 찬탈을 비방한 「조의제문(弔義帝文)」을 지은 김종직(金宗直)의 문하생이라는 이유로 그는 참수형을 당했다. 당시 나이 51세로, 최부를 애석하게 여긴 형리가 "김종직의 문하생이 아니라고 한마디 부인하기만 하면 모면할 수 있다"고 간청했으나 최부는 "이 세상에 그와 같은 유학자가 어디 있으며, 이러한 선비를 어디서 찾을 수 있겠소"라고 답하며 굽히지 않고 죽음을 택했다.

류큐 태자 살해설

격랑의 추자도 앞바다는 이방의 표류민들을 제주로 불러들이기도 했다. 제주도에 남은 기록에 따르면 광해군 3년(1611)에 안남국 왕자가 제주로 표류해 왔다. 그런데 이 안남국 왕자의 표류 사건과 관련해 제주 사람들은 나중에 큰 수난을 당한다. 당시 표류해 온 배에는 황견사(黃繭絲) 150섬, 명주(明珠)와 마노(瑪瑙) 같은 보석이 1,100여 개나 있었다. 이에 제주 목사 이기빈 등이 욕심에 눈이 멀어 그 배를 습격해서 재물을 빼앗고 왕자를 비롯한 표류민들을 죽인 것이다. 이 사건이 뱃사람들 입을 통해 알려지면서 애꿎은 제주 사람들이 두고두고 수난을 당해야 했다.

그런데 사건이 알려지는 과정에서 표류했다가 변을 당한 사람이 안남국 왕자에서 류큐국 태자로 바뀌었다. 이 사건이 인조 3년 (1625) 1월의 기사로 실록에 실렸는데, 여기에도 살해당한 왕자가 류큐국 태자로 되어 있다.

이기빈은 탐학을 자행한 무사였다. 하루는 유구국 왕자가 보물을 가득 싣고 제주에 정박했는데 바람 때문에 표류해 온 것이었다. 이기빈은 판관 문희현과 함께 배를 포위하고 모조리 죽인 뒤 재화를 몰수했다. 유구국 왕자가 안색이 변하지 않고 조용히 해를 당했으므로 이 소식을 들은 사람들이 애처롭게 여겼다. 사실이 발각되어 이기빈이 옥에 갇혔는데 임금에게 보물을 많이 바쳤기 때문에 형장을 면할 수 있었다.

이중환의 『택리지』에 따르면, 제주에 표류했다는 그 왕자는 억울한 죽음을 당하면서 '죽서루 아래에 도도히 흐르는 물은 남은 원한을 실어 분명히 만 년 봄을 두고 오열하리라'라는 시를 남겼다고 한다.

이 사건으로 제주 사람들은 안남국과 류큐국 양쪽 모두에게 원수가 됐다. 탐관오리의 욕심 때문에 애꿎은 제주 양민들만 복수의 대상이 된 것이다. 그래서 제주 사람들은 표류를 당했을 때 화를 입지 않기 위해 제주 출신임을 숨겨야 했다.

태자 살해설로 실제로 죽다 살아난 사람들이 있었다. 제주 목사 이익태(李益泰)가 1696년에 펴낸 문집『지영록(知瀛錄)』에서 그 일화를 살펴볼 수 있다. 1687년 9월 3일 제주의 진무(鎭撫, 말을 관리하던 직위) 김대황 등 일행 24명이 화북진 항구에서 배를 띄웠다. 배에는 제주 목사 자리를 교대할 때 진상하는 말 3필도 함께 실었다. 조천관 주민 고상영도 글을 배우려고 해남 대둔사로 가기 위해 이 배를 얻어 탔다. 그런데 저녁 무렵 추자도 바다에 2리 남짓 가까이 갔을 때, 갑자기 서북쪽에서 큰바람이 일어나고 비가 들이붓듯이 내렸다. 파도가 산처럼 일어섰고 사람들은 배에 실은 모든 물건을 바다에 버렸다.

식수가 떨어져 생쌀을 씹으며 바다에서 헤맨 지 한 달을 넘겼다. 10월 4일, 섬 하나가 눈에 들어왔다. 암초가 많아 배를 대지 못하고 멈칫거리는 사이 배 한 척이 뒤에서 다가왔는데, 이상한 차림의 사람들이 나타나 김대황 일행을 살피더니 달아났다. 그들은 서로 상의했다.

"여기는 틀림없이 유구국이다. 사실대로 제주에 산다고 하면 우리는 죽음을 면치 못할 것이다. 전라도 흥덕현에 산다고 해서 죽음을 면해야 할 것이다."

그러니까 김대황 일행은 제주 목사 이기빈에 의해 죽임을 당한 태자가 류큐국 사람인 것으로 알고 있었던 것이다.

이어서 이번에는 무려 25척의 배가 몰려왔다. 김대황이 글을 써서 이곳이 어느 나라냐 물으니 안남국이라 했다. 유구국은 아니라니 다행이다 싶었다. 그러는 사이에 큰바람이 불어 일행이 탄 배의 갑판이 부서졌고, 안남국 사람들이 뛰어 내려와 일행을 끌거니 업거니 해서 구해냈다. 뒤를 돌아보니 배는 이미 산산조각이 나서 돌아갈 희망이 끊어졌다. 울음을 삼키는 일행 앞에 안남 사람들은 밥과 술과 고기를 내주더니 표류민 일행을 안남국 관아로 데려갔다.

안남국 관리가 글을 써서 보여주었다.

'우리나라 태자가 일찍이 조선 사람에게 살해되었다. 그러니 너희에게 보복하여 태자의 원수를 갚아야 마땅하다.'

이기빈이라는 관리 한 명의 탐욕은 이처럼 두고두고 제주의 무고한 백성들을 괴롭혔다. 이방의 여러 국가로부터 복수의 대상이 되었을 뿐 아니라, 나아가 조선 사람 전체를 살해와 약탈이나 일삼는 민족으로 여기도록 나쁜 인상을 각인시킨 것이다. 어쩌면 1801년 제주 당포항에 온 필리핀 사람들도 그 소문의 영향으로 제주 사람들이 자신들을 해코지하려는 것으로 오해하고 혼비백산 달아났는지도 모른다.

김대황 일행은 죽은 태자의 원수를 갚겠다는 안남국 관리의 글을 보고 땅에 엎드려 목놓아 울었다. 이제는 정말 죽었구나 싶었다. 그런데 그때 단아하게 비단옷을 차려입은 부인이 내려오더니 다시 글을 써서 보여주었다.

'울지 마라, 우리나라는 본래 인명을 해치는 일이 없으니 마음을 놓아라. 머물려면 머물고, 돌아가고 싶거든 돌아가라. 너희가 원하는 대로 해주겠다.'

그러면서 그녀는 시종을 시켜 일행의 눈물을 닦아주었다.

안남 사람들은 인심이 후했다. 촌가 사람들은 푸짐하게 밥과 반찬을 차려주고 돈과 그릇도 챙겨주었으며, 일행을 지키던 파수꾼들도 솥을 가져다줄 정도였다. 그 나라는 먹고 입는 것이 풍족해 근심이 없었고, 남자는 낮고 여자가 높았다.

그런데 안남에서 체류하던 중 섬에 상륙한 첫날 찬물을 급하게 많이 마신 일행 3명이 급기야 풍토병에 걸려 숨이 끊어졌다. 아무리 후한 인심으로 대접을 잘해준다 한들, 같이 표류해 온 사람들이 누구는 죽고 누구는 살아남으니 서러움을 말로 다할 수 없었다.

하염없이 고향땅으로 돌아갈 날만 기다리는데 중국 상선이 왔다. 안남국은 이 표류민들이 섬에서 머문 시 아홉 달 만에 왕 명덕후(明德候) 명의로 쓴 편지와 함께 그들을 돌려보냈다. 그 편지에는 조선인 표류민들이 안남에 머물게 된 경위와 안남국이 그들을 돌려보내기 위해서 취한 여러 가지 조치가 상세하게 적혀 있었다. 그리고 그들이 조선에 무사히 도착했는지 꼭 회신을 보내달라고 청했다.

이때 조선과 안남국 사이에는 정식 교류가 없었다. 그랬으니 공식적인 표류민 송환 체계도 없었다. 그러나 안남국에서는 조선 표류민을 따뜻하게 맞아서 후대했고, 마침내 본국으로 돌아갈 수 있는 방편까지 마련해주었다. 조선 조정이 안남국에서 보낸 편지에 제대로 형식을 갖춘 회신을 보냈더라면 이를 계기로 조선과 안남국 사이의 정식 교류가 싹틀 수 있었을지 모를 일이다. 그러나 조선의 반응은 시큰둥했다. 다만 당시 제주 목사 이희룡과 정의현감 박제 등이 "불쌍하게도 우리나라 백성이 안남에 표류하자 그곳의 군신이 자기 백성이나 마찬가지로 보아 편안히 있게 허락해주고 쌀과 돈으로 대접해줬으니 그 은혜의 경중을 어떻게 말하겠는가"라고 표류민을 실어다준 중국 상인들에게 고마움을 표시했다고 한다.

4

살았다, 뭍이 보인다!

수백 리 밖 태사도 앞바다까지 나가 홍어를 가득 사서 싣고 돌아올 때는 그 싱싱한 홍어를 나주장에 가져가면 제법 많은 쌀이나 곡식과 바꿀 수 있겠다 싶어 참 든든했으리라. 이문이 많이 남으면 장사 밑천도 삼고, 남은 겨울을 식구들과 함께 따뜻하게 날 수 있을 터였다.

그런데 갑자기 서북쪽에서 거센 바람이 들이닥쳤고, 산 같은 파도가 배를 덮치면서 그 기대는 산산조각이 났다. 때는 맹추위가 기승을 부리는 겨울의 한가운데, 그 추운 때에 바람과 파도에 기습을 당했으니 온몸을 덜덜 떨면서 캄캄한 밤을 지새웠다. 바람은 그들을 고향으로 돌려보내주지 않았다. 제주 추자도 부근에서 다시 깊고 거친 바다로 떠밀어버렸다. 추위와 굶주림은 죽음보다 더 큰 고통이었다. 그들은 어디로 가는지도 모르는 채 가랑잎처럼 바다 위를 떠도는 작은 배 위에 널브러져 있었다.

그렇게 표류를 당한 지 열하루 만이었다. 며칠을 굶어 기진맥진

한 채 잠이 들었다가 눈을 떠보니 드디어 뭍이 보였다.

1802년 1월 29일 유구국 도착

날이 밝아 주변을 휘휘 둘러보니 동남쪽으로 큰 섬이 보였다. 오시(午時, 오전 11시 ~오후 1시)쯤이었다. 배를 멈추고 닻을 내리니 갑자기 사내 예닐곱 명이 배를 타고 오는 것이 보였다. 우리를 보더니 먼저 물을 대접하고 이어서 죽을 주었다. 사흘을 먹지 못했으니 그 기쁨을 알 만하리라. 이곳이 어디쯤인지 물으니 유구국 대도(大島) 라 했다.

류큐 - 슬픔의 섬 오키나와

문순득이 표류 열하루 만에 도착한 땅 류큐는 지금의 일본 오키나와 현이다. 류큐국은 한때는 지금처럼 일본에 속한 지역이 아니라 동아시아 바다를 누비면서 해상무역을 주도하던 독립 왕국이었다.

남서쪽으로 길게 뻗은 화산섬 오키나와. 오키나와는 슬픈 섬이다. 일본에 강제로 복속당했고, 미국의 지배를 받았다. 제2차 세계대전 당시 이 섬에서는 미군과 일본군 사이에 치열한 전투가 벌어져 17만 명이 숨지고 건물의 90퍼센트 이상이 파괴되었다. 이후 오키나와는 계속 미국의 영토로 되어 있다가 1972년에 일본으로 귀속되었다.

그러자 오키나와에서는 일본과 단절하려는 오키나와 독립론이 일어나 신문에 '류큐 민족의 독립을 부르짖는다' 같은 기사가 실리기도 했고 류큐독립당이 결성되기도 했다. 그러나 대양이 비좁다 하고 누비던 해상 왕국 류큐는 지금 일본이라는 나라의 일개 현인 오키나와일 뿐이다. 또 제2차 세계대전 때 오키나와에 상륙한 미군은 이 섬의 남부에 비행기지 등 대규모 군사시설을 갖춘 채 계속 주둔하고 있다.

'아지(按司)'라고 불리는 부족장들이 지배하던 오키나와에 14세기 중반 북산국, 중산국, 남산국의 작은 국가들이 세워진다. 이 시기를 삼산(三山) 시대라고 한다.

류큐 왕국이 역사서에 등장하는 것은 1372년으로, 명나라의 초대 황제 주원장(朱元璋)이 1372년 중산국의 왕 삿도(察度)에게 '류큐가 바다 멀리 있어 지금껏 모르고 있었으나, 이제 특별히 사신을 파견하니 이에 답하여 조공을 행하라' 했다. 류큐국에서 명으로 간 주요 조공품은 말과 유황이었다. 말은 군마로, 유황은 화약의 원료로 쓰였으니 몽골 세력을 중국 땅에서 완전히 몰아내려고 하던 명으로서는 귀중한 물품이었다. 명은 류큐에 대형 선박까지 보내주었다.

조공 무역에 힘입은 경제력을 바탕으로 1429년 류큐에는 통일 정권이 수립되었다. 명의 해금(海禁) 정책도 류큐 경제를 살찌웠다. 중국인들이 해외무역을 못 하게 되었으니 그 몫도 류큐 차지였다. 류큐 상선단은 베트남, 타이, 믈라카, 수마트라 섬, 자바 섬 등지까지 진출하여 해상 중개무역을 했다.

그러나 16세기 후반, 상황이 달라졌다. 1511년 포르투갈이 믈라

카를 점령함으로써 류큐는 중요한 거점을 잃었다. 명의 해금 정책이 느슨해지면서 중국의 무역선도 직접 동남아시아에 진출했다. 이후 강력한 대포와 조총으로 무장한 포르투갈, 에스파냐 세력이 밀물처럼 밀려들면서 류큐의 위상은 점점 더 축소되어갔다. 왜구는 더욱 세력을 불려 바닷길을 방해했다. 결국 류큐의 동남아시아 무역은 1570년을 마지막으로 끝난다. 이제 류큐 경제는 명에 대한 조공 무역에 더 의존할 수밖에 없었다.

그리고 1588년, 마침내 일본의 패권을 장악한 도요토미 히데요시는 사쓰마 번주 시마즈(島津)를 통해 류큐에 복속을 요구했다. 1592년 임진왜란을 일으킬 때는 조선을 침략하는 일본군의 식량을 대라고 강요했다. 일본은 이에 그치지 않고 중국까지 쳐들어가겠다고도 했다. 류큐는 도요토미 히데요시의 이런 계획을 명나라에 알렸다. 그러던 도요토미 히데요시가 1598년에 죽었다. 그 소식은 명과 조선에도 전해졌다. 류큐에서 '도요토미 히데요시가 이미 죽었으니 조선을 위해 기뻐한다'라고 하자 선조는 '도요토미 히데요시가 사망한 소식을 알려준 것에 감사하며 그의 죽음은 조선의 행운일 뿐 아니라 온 천하에도 다행한 일'이라고 답했다. 선조 39년(1606)에는 '각자 적정을 탐지하여 명나라를 통해 정보를 전달하고 우환을 서로 막자'라는 친서를 류큐국에 보내기도 했다.

도요토미 히데요시의 죽음과 함께 류큐에는 평화가 찾아오는가 싶었다. 그러나 사쓰마 번주 시마즈가 가만있지 않았다. 사쓰마 번은 만성적인 재정 적자에 시달렸는데 그 적자를 류큐 복속으로 해결하려 했다. 1609년 4월 초, 시마즈의 군대는 류큐에 상륙해 전역을 장악하고 국왕 쇼네이(尙寧) 형제와 신하 100여 명을 포로로 잡아갔다. 잡혀가는 중에 왕의 동생은 목숨을 잃었다.

도쿠가와막부는 류큐를 시마즈의 영토로 허용했다. 그러나 류큐국 쇼씨(尙氏) 왕조는 그대로 두었다. 막부가 류큐국 왕실을 존중해서가 아니라, 왕조까지 없애버린다면 일본이 류큐를 침략했다는 사실이 명에 알려지고 그러면 중국과의 정면대결이 불가피할 것이기 때문이었다. 또 류큐국은 그동안 중국에 보내는 조공선을 통해 무역활동을 유지해왔는데, 국왕을 없애버린다면 중국과의 조공 무역도 불가능해져서 막부가 그 이득을 취할 수 없게 될 것이었다.

그래서 류큐를 점령한 시마즈는 중국의 책봉사가 오면 류큐국 수도 나하에 파견한 사쓰마 번의 모든 관리를 촌락으로 보내고, 나하 시가지에서 일체의 일본적인 색채와 자취를 감추게 했다. 이제 류큐국은 말 그대로 껍데기만 남은 왕국이었다. 문순득이 류큐에 표류한 것이 1802년의 일이니, 사쓰마 번주 시마즈가 류큐를 침범한 지 거의 200년이 지난 뒤였다. 따라서 이미 류큐는 이름만 류큐였을 뿐 일본이나 마찬가지였다. 그나마 아직 풍습이나 언어, 문화 등은 류큐적인 면을 간직하고 있었다.

일본은 그 껍데기뿐인 왕국마저도 그대로 두려 하지 않았다. 문순득이 표류한 해로부터 70년이 지난 1872년, 류큐라는 나라는 역사 속에서 영원히 사라졌다. 일본이 메이지유신을 통해 근대국가 체제로 탈바꿈한 이후 류큐국을 일본에 강제 편입해버린 것이다.

이로써 류큐 왕국은 멸망하고 쇼타이(尙泰) 왕은 도쿄로 끌려갔다. 1879년 일본 정부는 류큐제도의 모양이 바다에 떠 있는 새끼줄 같다 하여 류큐국의 이름을 오키나와(沖繩) 현으로 바꾸었다. 동아시아 해역을 누비던 해상 왕국이 일본이라는 섬나라의 현이 되어버린 것이다. 오키나와는 그런 설움의 역사를 품은 섬이었다.

조선을 섬긴 나라

류큐인은 정직하고 심성이 착한 사람들이었다. 조지 H. 커는 1958년작 『오키나와—섬사람들의 역사』에서 16세기에 포르투갈인이 바라본 류큐인에 대해 이렇게 썼다.

> 류큐 상인은 신용할 수 있는 사람들이다. 그들은 노예를 사지 않으며 어떤 일이 있어도 자기네 사람을 노예로 팔지 않는다. 전 세계를 다 준대도 그들은 자신들의 동포를 파는 짓은 하지 않는다. 그들은 빛깔이 희고 좋은 옷을 입으며 중국인보다 우수하고 위엄이 있다. (…) 그들은 성실하고 중국인보다 믿을 수 있으며 경외의 대상으로 여겨진다.

이런 나라의 왕이 스스로 신하라 칭하면서 조선과 가까이 지내고 싶어 했다. 조선 전기까지는 해마다 사신을 교환했다. 류큐가 우리나라와 관계를 맺기 시작한 것은 고려 말인 1389년 8월로, 중산국의 삿도 왕이 사신을 파견해 왜구에게 붙잡혀간 피로인(被擄人)과 유황, 소목, 후추 등을 바치면서부터다.

이어서 조선왕조가 창건된 1392년 12월 28일 삿도 왕은 자신을 조선 왕의 신하라 칭하면서 태조에게 예물을 바쳤다. 5년 후인 태조 6년 8월 6일에는 왜구에 붙들려서 류큐국에 팔려 간 사람과 바람을 만나 표류한 사람 등 9명을 돌려보냈다. 이런 서신도 바쳤다.

하늘과 땅의 덕이 합하매 사철이 고르게 나뉘고, 여러 나라가 편안히 즐기고 만물이 자리를 얻었습니다. 공손히 생각건대 조선 국왕 전하께서는 나라를 태평히 다스리시고 덕업이 융성하온데, 또 가까운 사람에게 교만하지 않고 먼 사람을 잊지 않아서 바야흐로 덕택을 미루어 이웃 나라에 은혜를 입히오니 감히 기뻐하지 않겠습니까? 그윽이 생각건대 어리석고 몽매하여 궁벽하게 바다 나라에 살아서 보잘것없는 풍물이나마 닦아 사람을 보내 바치옵니다만, 너른 바다의 물결이 막혀 있기에 친히 가서 받들어 회합할 수가 없사옵니다. 다만 덕을 앙모하고 수를 빌 뿐입니다. 엎드려 바라옵건대 인자하게 살피시어 받아들이시기 바랍니다.

태종 9년(1409) 9월 21일에도 중산국에서 사신을 보내 왜구에 납치되어 류큐국에 팔려 간 부녀자 4명을 데려오면서 후추, 상아, 백반, 소목을 함께 바쳤다. 세조 4년(1422) 3월 28일에는 류큐에서 온 사신이 병들어 죽자 제사를 지내주기도 했다. 세조 8년 1월 16일에는 표류한 조선 백성을 송환하고 해마다 조공을 바치는 류큐국의 정성에 답하는 뜻에서 사신에게 『대장경』『법화경』『금강경』『이백선시(李白選詩)』 등과 특산물을 주었다. 단종 1년(1453) 4월 24일에는 류큐 사람들이 일본 땅에 억류 중인 조선 표류민을 돈을 주고 사다가 조선에 송환하기도 했으며, 성종 2년(1471) 11월 23일에는 류큐국 사신에게 종2품 벼슬을 내린 일도 있다.

류큐에서 바다를 건너 조선으로 오는 길은 아주 험난했다. 바람이 차고 맹렬한 데다 왜구의 방해까지 극심했기 때문이었다. 중종 39년(1544) 3월 29일 좌의정 홍언필은 임금에게 이렇게 아뢴다.

"제주에서 표류한 어부들이 동풍에 밀리면 중국의 복건(푸젠 성) 지방에 이르고, 동북풍에 몰려 조금 비스듬히 남쪽으로 가면 유구국에 닿게 됩니다. 유구 사신이 조선에 올 때는 대부분 중국 지방을 거쳐 왔는데 바람이 세차고 맹렬한 데다가 해적들이 방해할 때가 많아 왕래가 어렵습니다."

그럼에도 연산군 7년(1501) 1월 10일에 바다를 건너온 류큐국 사신단은 470명이나 됐다. 그 험하고 먼 바닷길을 건너온 사신단으로는 엄청난 규모였다.

한반도의 외교를 방해한 왜구

왜구의 한반도 침입은 일찍이 삼국시대부터 있어왔다. 고려 시대에는 1223년부터 멸망하기까지 169년 동안에 모두 529번의 침략 기록이 있다. 조선이 건국되고 1443년까지 50년 동안에도 무려 155번이나 조선을 약탈했으며, 1년에 10번이나 쳐들어온 해도 있었다. 왜구는 조선뿐 아니라 류큐, 명나라에도 나라 내외적으로 골치 아픈 존재였다.

조선과 달리 고려는 일찍부터 먼 나라에 관심이 많았다. 중기부터 송나라 상인과 아라비아 상인을 통해 인도산 무명과 설탕, 물소 뿔, 상아, 침향, 소목, 후추, 유황 등 남방 물산을 수입했고, 충숙왕 때는 남만 출신인 왕삼석이 고려에 귀화하기도 했다. 1298년에는 인도 동해안에 있는 작은 나라 마팔국(馬八國, Mobar)의 왕자 패합리가 사자를 보내서 은사모, 무명, 침향 등을 바쳤다는 기록이 있다.

그러나 왜구의 방해로 얼마 가지 않아 동남아 국가들과의 외교는 단절되고 말았다. 조선 개국 직전인 1391년에는 섬라곡국, 즉 타이에서 사신이 도착했는데 이들이 고려로 오는 길은 결코 수월하지 않았다. 자기네 나라를 출발해서 고려의 왕을 알현하기까지는 무려 4년이라는 기간이 걸렸다. 이들은 왕명을 받고 출발한 지 3년 만에 일본에 도착해 그곳에서 1년간 머물다가 고려에 도착했다고 전했다.

조선이 개국하고, 1393년 6월에도 타이에서 외교 사절 20명이 와서 소목, 속향 등을 바쳤다. 조선 정부는 이들을 후하게 대접하고 배후(裵厚) 등을 회례사(回禮使)로 파견했다. 그런데 가는 도중 왜구를 만나 예물과 행장 모두를 약탈당했다. 조선으로 돌아와 다섯 달쯤 지난 후에 다시 출발해서 이번에는 무사히 타이에 도착했다. 회례사 배후 일행은 우리 역사상 최초로 동남아시아권 나라의 땅을 밟은 인물들이라 할 수 있다. 타이에서는 조선의 회례사를 환송하면서 답례로 다시 사신을 함께 파견했는데, 이들이 또 왜구의 습격을 당해 대부분 목숨을 잃었다. 이 사건을 마지막으로 조선과 타이 정부 사이의 공식적인 교류는 단절되었다.

　왜구의 준동은 또 다른 나라와의 외교 단절을 불러왔다. 태종대에는 조와국(爪蛙國)의 사절이 왔다. 조와국은 현재 인도네시아에 속해 있는 자바 섬으로, 당시 자바 섬은 국세가 융성하고 해외무역도 활발했다. 1406년 8월, 조와국 사절단이 조선으로 오는 길에 왜구의 습격을 받았다. 일행 중 21명이 죽고 60여 명이 사로잡혔다. 그리고 타조, 공작, 앵무새, 잉꼬, 침향, 후추, 향 등 예물은 모두 약탈당했다. 겨우 목숨을 건진 채 도망친 남녀 40명만 조선에 도착했다. 이후로도 조와국의 무역선은 계속 왜구에게 침탈당했고, 마침내 1412년에 사신이 온 것을 마지막으로 조와국과의 교류도 단절됐다.

　한편 왜구는 약탈과 방화뿐 아니라 사람을 잡아다가 노예로 팔아넘겼다. 세종 11년(1429) 12월 3일에 박서생이 임금에게 이렇게 아뢴다.

　"왜적들이 일찍이 우리나라를 침략하여 우리 인민을 붙잡아다가 노비로 삼고는, 먼 나라에 팔아넘기기도 하여 영원히 돌아오지 못하게 하니 그 부형과 자제들이 원통하여 이를 갈면서도 복수하지 못하는 자가 몇이겠습니까. 신 등의 사행길에 정박하는 곳마다 잡혀간 사람들이 다투어 도망해 오려고 해도, 그 주인이 족쇄를 채우고 굳게 가두어서 뜻을 이루지 못하니 진실로 민망한 일입니다."

심지어 당시 일본에서는 남의 자식까지 훔쳐다 팔아서 생계를 잇는 사람들도 있었나 보다. 이어지는 박서생의 진언에서 이를 확인할 수 있다.

"일본에는 사람은 많고 먹을 것은 적어서, 흔히 노비를 팔아넘기며 때로는 남의 자제들을 훔쳐다 팔기도 하는데, 이는 허다하게 볼 수 있는 일입니다."

남의 자식까지 팔아서 끼니를 이을 정도였으니 다른 나라 사람을 잡아다가 노비로 팔아넘기는 일쯤이야 아무것도 아니었다.

이렇게 왜구에게 잡혀간 조선 사람들을 '피로인'이라 했다. 고려 말부터 조선 초기까지만 추산해도 왜구에게 잡혀간 조선인 피로인은 대략 만 명이나 된다고 한다. 이 피로인들은 노비로 팔려가거나 뱃일꾼으로 부려졌다. 당시 일본의 국제 무역항인 규슈와 류큐의 슈리에서는 노예시장이 섰는데 특히 슈리는 동아시아 최대 노예시장이었다. 류큐로 팔려간 조선인들은 주로 류큐 상선의 일꾼으로 일했으며 '고레스'라 불렸다.

그런데 고레스가 유럽인에게는 류큐인으로 알려졌다. 동남아시아 해역에 진출해서 류큐 상선과 마주친 유럽인들이 그 배에서 일하는 일꾼들을 조선의 피로인이 아니라 류큐인으로 안 것이다. 단종 1년(1453) 5월 11일, 류큐국의 한 섬에 표류했다가 돌아온 6명이 그곳에서 조선 사람들을 만났다고 증언하기도 했다.

"조선 사람 60여 명이 표류해 갔으나 모두 사망하고 나이 많은 5명이 생존해 있습니다. 그들의 자손은 유구국 사람들과 결혼했고, 가산도 부유합니다. 그중 노인들은 조선말을 조금 알고 있습니다."

그즈음 왜구들이 조선 연안에서 100여 명을 납치한 일이 있었던 것으로 보아, 이들이 이야기한 조선인들은 왜구에게 잡혀 노예로 팔려 갔다가 도망친 사람들로 추측할 수 있다.

왜구는 약탈과 납치뿐 아니라 사신으로 위장해 특히 류큐국과의 외교를 방해했다. 세종 3년 11월, 쓰시마 섬에서 조선을 왕래하는 류큐 상선을 왜구가 중간에서 탈취하는 사건이 일어났다. 2년 후인 1423년 1월에는 류큐국 사신이라는 사람이 보낸 토산물이 모두 가짜로 밝혀졌으며, 1459년 1월에는 류큐국 사절단이 조선에서 서계(書契)와 예물을 받아가지고 류큐로 돌아가다가 쓰시마 섬에 이르러 약탈당하는 사건이 발생했다. 이처럼 왜구는 조선이 류큐국 사신들을 후대하자 그들이 오가는 길목을 노려 약탈을 자행하고, 자신들이 류큐에서 보낸 사신인 것처럼 위장했다. 그들이 무려 40년 동안이나 가짜 사신을 보냈다는 사실이 『조선왕조실록』에도 나와 있다.

연산군 때인 1500년 11월에 류큐국에서 사신들이 도착했다. 예조가 그들을 접대하는 자리에서 류큐국 사신들은 "예전에 우리나라 사람이 여기 온 지 40년 만에 우리가 또 여기에 왔습니다"라고 했다. 류큐국 사신이 조선에 마지막으로 온 것이 40년 전이라는 얘기인데, 그렇다면 1461년이다. 그런데 실제로는 그 사이에 류큐국 사신이라면서 조선을 찾아온 일이 무려 21번이나 있었다. 그러니까 그간 찾아온 류큐 사신들은 모두 가짜였던 것이다. 조선 조정은 이미 이 가짜 사신 문제에 대해 여러 차례 논의를 한 바 있었다.

성종 11년(1480) 6월, 류큐 왕이 사신을 보냈다. 그런데 이상한 점이 있었다. 류큐 국왕은 쇼엔(尚円)에서 쇼신(尚眞)으로 바뀌었는데, 서계에는 여전히 쇼엔이라 쓰여 있었다. 이에 승정원에서 아뢰었다.

"유구의 사신은 대개 그 나라 사람이 아니고 왜인이 장사하러 갔다가 연결되어 서계를 받아가지고 옵니다. 이번 사신도 믿을 수가 없으니 본조에서 위로하여 잔치할 때 서계의 사연을 물어서 진실인가 아닌가 가려내게 하소서."

성종 24년(1493) 6월에도 쇼신 왕이 보낸 사신들이 갖고 온 서계로 가짜 사신 문제가 또 불거졌다. 이에 승정원에서는 이렇게 아뢴다.

"신들이 지난해의 서계와 이번에 가지고 온 서계를 가져다 보았더니 인문(印文)이 자못 달랐습니다. 이번에 온 사신은 지난해에도 내조했으니, 이는 필시 구주(九州, 규슈) 사이에 살면서 원서를 위조하여 이익 늘리는 것을 일삼는 자일 것입니다."

이어 도승지도 이렇게 아뢴다.

"이번 사신은 지난해에 우리나라에 왔다가 돌아간 지 얼마 되지 않았는데, 어떻게 갑자기 또 올 수 있겠습니까? 하물며 인문이 저번 서계의 인문과 같지 않으니 이는 의심할 만합니다. 저들은 우리가 유구국의 사신을 매우 후하게 접대하고 회봉(回奉, 이웃 나라의 예물에 대한 답례로 치르는 값)도 많기 때문에, 서계를 위조해 가지고 와서 자기 이익을 엿보는 것이 틀림없습니다. 이제 우리가 이미 간사함을 알았는데도 전례에 따라 후하게 접대한다면 후에는 반드시 속이기를 그치지 않을 것입니다. 신은 회답하는 서계에 부험(符驗, 사신이 표로 가지고 다니는 물건)이 없으면 믿기 어렵다는 뜻을 명백히 알리는 것이 어떨까 생각합니다."

대도, 그리고 친절한 류큐 사람들

지금까지 류큐의 역사와 우리나라와의 관계를 살펴보았으니, 이제 본격적으로 문순득의 발자취를 추적해볼 차례다. 문순득 일행이 표류한 섬은 류큐국의 대도였다. 대도는 일본어로 오시마, 즉 큰 섬이라는 뜻인데 일본에는 오시마라는 지명을 가진 곳이 아주 많다. 그러면 문순득 일행이 열하루 동안의 추위와 굶주림과 갈증 그리고 두려움과 사투를 벌인 끝에 마침내 발견한 섬, 그래서 그들에게 물을 주고 흰죽을 주며 따뜻하게 맞아준 사람들이 살던 섬 대도는 어디쯤일까?

문순득이 발을 디딘 대도를 찾는 과정은 그리 간단하지 않았다. 문순득의 류큐 표류가 벌써 200여 년 전의 일이기에 그때의 지명이 아직 남아 있을지 모를 일이었다. 설사 지명이 그대로 남아 있다고 해도 그 대도가 아주 작은 마을이라면 일본열도를 샅샅이 뒤지지 않는 한 그곳을 찾아낼 가능성은 희박할 터였다.

먼저 오키나와 지도를 놓고 대도를 찾기 위해 지명 하나하나를 더듬어 내려갔다. 그런데 현재의 오키나와 지도에서는 '대도'를 찾을 수 없었다. 200여 년의 세월이 흘러버려서 대도는 영영 사라져버린 지명인 걸까, 아니면 문순득이 표류에서 간신히 살아남은 상황이라 경황이 없어서 섬사람들의 말을 잘못 알아들은 걸까?

그런데 오키나와 현의 북쪽, 그리고 그 오키나와 현과 가까운 가고시마 현 사이쯤에서 대도라는 지명을 발견했다. 아마미오 섬(奄美大島). 이곳이 바로 문순득이 류큐에 표류해서 처음으로 상륙한 섬일 가능성이 있었지만, 정확한 근거 없이 속단할 수는 없었다.

다행히 오키나와 출신인 다와타 교수의 도움을 받을 수 있었다. 다와타 교수는 「표해시말」의 일본어 번역본을 내기도 했다. 번역을 하면서 그 역시 문순득이 말한 대도를 찾기 위해 오키나와 현을 샅샅이 뒤졌지만 찾아낼 수 없었고, 그러다가 우리처럼 가고시마 현과 가까운 곳에서 아마미오 섬을 찾아냈다고 한다. 아마미오 섬을 일본에서는 '아마미 군도'라고 흔히 표기하며 행정구역상 가고시마 현에 속한다.

아마미오 섬은 '오시마(大島) 명주'로 유명한데 일본 전통 의상인 기모노의 옷감으로는 오시마 명주를 최고로 친다. 또 이 지역은 사탕수수밭에서 나오는 흑설탕으로도 유명해서 흑설탕 소주는 오시마 명주와 함께 이곳의 대표적인 특산물로 꼽힌다. 그 외에도 산호초 가득한 맑고 투명한 바다와 하얀 모래가 깔린 기나긴 해변을 가진 아마미오 섬은 관광지로도 유명하다.

그런데 아마미오 섬이 행정구역상 오키나와 현이 아니라 가고시마 현에 속한다면, 다와타 교수는 무엇을 근거로 문순득이 말한 대도가 아마미오 섬라고 단정한 것일까? 그 근거는 아마미오 섬의 역사를 거슬러 올라가보면 알 수 있다. 아마미오 섬은 원래는 류큐 왕국의 일부였다가 에도시대에 사쓰마 번의 직할령이 되었고, 메이지 유신 이후 가고시마 현에 편입되었다. 또 더 구체적인 증거도 있다. 다와타 교수는 문순득의 대도가 아마미오 섬이라는 좀 더 정밀하고 객관적인 근거를 찾기 위해 문순득이 표류했을 당시 류큐에서의 여정을 추적했는데, 그 과정에 언급된 지명들을 찾아보니 실제로 아마미오 섬이나 그 주변에 있는 곳들이었다.

그러니까 문순득은 아마미오 섬에 표류한 다음 여러 지역을 거쳐서 당시 류큐국의 수도인 나하로 옮아간 것이다. 대도가 당연히 오키나와 현에 있으리라 생각하고 오키나와로 향했던 우리는 다시 가고시마로 향하는 비행기를 타야 했다. 지도를 보면 가고시마와 오키나와는 아주 가까워 보이지만 실제로 이동하는 데는 예상보다 시간이 꽤 걸렸다. 가고시마 공항에 도착해서 다시 하루 한 번 운항하는 비행기를 타고 세 시간을 가면 아마미오 섬인데, 이 길이 배로는 열두 시간이 걸린다고 한다.

그 바닷길을 건너는 데 문순득 일행은 꼬박 나흘이 걸렸다. 그들은 1802년 1월 25일 오키나와 주변까지 갔다가, 다시 서북풍을 만나 동남쪽으로 갔다. 그리고 나흘 만에 아마미오 섬을 발견하고 닻을 내렸다.

류큐 사람들은 늘 조선에 친절했다. 문순득 일행처럼 류큐국에 표류해서 죽을 대접받은 조선 사람들의 기록이 또 있다. 문순득이 표류하기 330여 년 전인 1477년, 제주 사람 김비의 등 3명은 진상할 귤을 싣고 가다가 갑자기 불어닥친 동풍에 떠밀렸다. 널빤지를 타고 바다에서 떠돈 지 열나흘 만에 그들은 류큐제도의 맨 서쪽에 떠 있는 섬인 요나구니(與那國)에 표착했다. 요나구니 사람들은 쌀죽과 마늘 뿌리를 가져와 먹이더니 그날 저녁부터 흰쌀밥, 탁주, 말린 생선을 상에 올렸다. 1729년 제주 추자도 앞바다에서 표류한 김일남, 부차웅 일행의 배도 류큐로 흘러갔었다. 류큐국 사람들이 그들을 반기면서 죽을 내주었다는 이야기가 정운경의 『탐라 문견록』에 나온다.

> 섬에 닿으니 한 노인이 품속에서 종이와 붓을 꺼내 글자를 써서 보여주었다. 하지만 우리 가운데는 글을 아는 자가 없었기에 그 뜻을 알 수가 없었다. 때마침 배에 『언해 천자문』이 있어서 꺼내 보여주니 그들이 크게 기뻐했다. 그러면서 손으로 '하늘 천' 자를 짚으며 우리에게 보여주었다. 우리는 우리 음으로 이를 말했다. 다른 글자를 짚으면 또 우리 음으로 불렀다. 그러는 동안 서로 돌아보며 기뻐하는 기색이 보였다. 말을 배운 뒤에 그 말을 생각하며 우리가 말했다.
> "중국의 음과 한가지다."
> 그러자 그들이 "고려! 고려!" 하고 외쳤다. 하지만 우리는 고려가

조선의 옛 이름인지 몰랐다. 이에 천자문 가운데서 조(朝) 자를 짚어주고 선(仙) 자를 보여주자 그들이 또 말했다.

"맞아, 맞아! 조선과 고려는 본래 한 나라야."

그들은 쌀죽으로 우리를 다 먹였다.

문순득 일행도 아마미오 섬 사람들이 쑤어다 준 죽을 먹고 나니 이제 살았구나 싶었다. 고향에 두고 온 부모님과 아내도 다시 볼 수 있으리라는 희망이 생겼다. 정신을 가다듬고 류큐라는 나라가 어떤 나라인지, 고향에 다시 돌아갈 방도는 있는지 알아보고 대책을 세워야 했다.

1802년 2월 2일

배로 50여 리를 가서 육지에 닿았다. 어디냐 물으니 양관촌(羊寬村)이라 했다. 우리 일행이 배에서 내리니 움막 한 채를 엮어서는 앞으로 이곳에서 살라고 한다. 그런데 그 움막 밖으로 또 움막이 있어서 8명이 지켰다.

문순득 일행이 머문 '양관촌'은 지금의 요로(與路) 섬을 말한다. 인가가 모인 마을 뒤로 솟은 높은 언덕에 오르자 바다가 훤히 펼쳐졌다. 이 지역은 산호초에 둘러싸여 있는데 구로시오해류가 흐르고 있어 그 해류를 따라서 항로도 형성된다. 보기에는 얕아 보이는 바다였지만 안쪽은 깊어서 배가 들어오기 쉽다. 그래서 먼 거리를 항해하는 배들은 반드시 이곳에 들러서 물과 식량을 보충하기도 했고, 이따금 북한에서 배를 타고 흘러온 난민들도 있었다고 한다.

그러나 이 해변도 표류민들에게는 그렇게 만만한 곳이 아니다. 바다 밑으로는 산호초가 산을 이루다시피 높이 쌓여 있는데, 만조 때는 물속에 잠겨버리기 때문에 잘 보이지 않아서 뱃길을 잘 모르는 사람들은 좌초당하는 일이 적지 않았다고 한다. 문순득 일행은 하늘의 보살핌을 받은 것일까, 다행히 산호초에 부딪치지 않고 살아서 뭍에 내릴 수 있었다.

애초에 마을은 그렇게 크지는 않았고 볕이 잘 드는 쪽에 집 몇 채씩이 모여 있는 정도였다고 한다. 그런데 바다 멀리에서 흘러온 표류민들이 하나 둘 이곳에 정착해 살면서 마을이 커지기 시작했다. 그러니까 표류가 키운 마을인 것이다.

마을에서 약간 떨어져 만 안쪽으로 들어가면 마을 사람들이 '도진(唐人) 주택'이라 부르는 집단 주거촌의 터가 있다. 섬사람들은 표

▶ 문순득이 표류에서 최초로 상륙한 것으로 추정되는 류큐 아마미오 섬의 양관촌

▶ 양관촌 사쓰마 번의 집무소가 있던 자리

류민을 발견하면 자신들의 취락에 숨겨주고 먹을 것과 입을 것을 내주었다. 그렇게 사이가 좋아지면서 아예 고향으로 돌아가지 않고 이곳에 눌러앉는 표류민들도 늘어갔다. 그런 사람들이 모여서 살던 곳이 도진 주택으로, 이곳 사람들은 중국도 조선도 모두 당(唐)이라 했다고 한다. 아마 문순득 일행을 지내게 한 움막도 그 도진 주택촌이나 그 근처에 지었을 것이다.

그리고 마을에는 군데군데 작은 교회가 있다. 건물의 규모는 작지만 역사는 오래되었다고 한다. 마을 사람들은 류큐가 사쓰마 번의 지배를 받기 전부터 서양의 선교사들이 그 섬으로 조난을 당해 왔고, 그들이 교회를 지었다고 이야기한다. 그렇게 오랜 선교의 역사를 지닌 곳이라 가톨릭 신자가 많으며 결혼식에서 장례식까지 예배당에서 치르는 집안도 많다.

마을을 돌아다니다 보니 무너진 돌담과 오랜 세월의 흔적이 밴

기왓장들이 한 무더기 쌓인 빈터가 눈에 띄었다. 옛날 관리인의 집 무소가 있던 자리로, 류큐 왕조가 일본에 복속되면서 사쓰마 번이 설치한 오시마 전체의 집행 본부였다. 사쓰마 번의 류큐 침략 이후인 1613년부터 1635년까지 22년 동안 아마미오 섬 전체를 강제 통치하는 중심 거점이었던 셈이다. 400년 가까운 세월이 흐른 지금, 아마미오 섬 사람들은 저 무너진 돌담과 기와 무더기를 바라보면서 어떤 생각을 할까?

문순득 일행은 이 요로 섬에서 한 달여를 머물다가 때를 기다려 다시 배를 탔다.

1802년 3월 20일

배를 타고 섬을 따라 100여 리를 가서 우금촌(牛禽村, 우케시마 섬) 앞에 닿았다.

1802년 3월 29일

배로 도쿠노(德之) 섬을 지나고 다음 날 양영부(洋永府, 오키노에라부 섬)를 지나 요론(立沙) 섬에 이르러, 바람에 막혀 4일을 머물렀다.

지긋지긋한 바람이 또다시 길을 가로막아 나흘을 지체하기는 했지만, 아마미오 섬에서 드디어 류큐 본토로 가게 된 것이다. 이제 고향으로 돌아갈 날도 정말 멀지 않아 보였다.

조선-류큐 송환 체계

표류민을 류큐에서 조선으로 송환하는 데는 무려 1년 가까운 시간이 걸렸으며, 오랜 시간이 걸리는 만큼 경비도 많이 들었다. 류큐는 그런 부담을 감수하면서 표류민을 송환해왔고 그러면 조선은 그에 상응하는 답례품을 주었다.

17세기 이전까지 류큐에서는 무명이 생산되지 않았기 때문에, 무명은 류큐에서 아주 귀한 상품이자 동남아시아 여러 나라와의 주요 교역품 중 하나였다. 조선 조정은 조선인 표류민을 송환해오면 무명을 비롯해 류큐국에 필요한 다양한 조선의 물품들을 내주었다. 그러나 그 때문에 조선 표류민을 송환해주고 돌아가는 류큐의 배는 왜구들의 노략질 대상이었다.

중종 25년(1530) 8월, 제주에 표류한 류큐인 7명을 송환하는 방법을 조정에서 논의했다. 처음에는 쓰시마 섬을 거쳐 송환하기로 했는데, 이 소식을 들은 류큐 표류민들이 가는 도중에 왜구에게 해를 입을까 두려워해서 밤새 통곡을 그치지 않았다. 그러자 조정에서는 송환 방법을 다시 논의했고, 표류민들을 중국을 거쳐서 송환하기로 하고 정조사(正朝使, 신년 축하를 위해 중국으로 보낸 사신) 편에 함께 보내기로 결정했다.

그러나 정조사 오세윤은 표류한 류큐인들이 남방 사람들이기 때문에 베이징으로 가는 길에 추위를 견뎌낼 수 있을지 염려하면서 다른 기회에 송환해주기를 조정에 건의했다. 이에 중종은 이렇게 말한다.

"북경에 갈 때는 추위를 견디는 사람도 오히려 얼어 상할세라 염려하는데, 더구나 이 유구 사람들이겠는가? 남방의 따뜻한 곳에 살았으므로 과연 중도에서 얼고 굶주릴 염려가 있기 때문에 봄의 따뜻한 때에 다음 행차를 기다려서 들여보낼 것을 나도 생각했으나, 정조(正朝)는 모든 나라가 모이는 날이므로 유구국의 사신도 반드시 조공하러 올 것이니 표류한 사람들을 이번 행차에 함께 보내는 것이다."

이렇게 해서 류큐 표류민 7명은 조선에서 베이징에 보내는 정조사 편에 베이징으로 호송되었고, 그곳에서 류큐 사절들에게 넘겨졌다. 그후 이 표류민들이 본국인 류큐로 돌아갔다는 소식은 4년 후에 확인할 수 있었다. 1534년에 베이징에 파견된 사절 소세양(蘇世讓)이 베이징에서 류큐국 사신을 만나서 나눈 대화 내용을 보고했다.

소세양이 류큐국 사신에게 물었다.

"지난 경인년(1530)에 귀국 사람들이 우리나라에 표류해 왔을 때 우리 전하께서 중국으로 인계하여 귀국으로 돌아가게 했는데, 몇 사람이나 살아서 돌아갔는가?"

"더러는 중국 지방에서 죽고 4명만 살아서 돌아왔습니다. 우리나라 국왕이 기뻐하여 감사함을 이기지 못했지만, 길이 멀어서 사례하지 못했습니다. 지금 재상께 사례를 표하고 싶습니다."

그러더니 류큐국 사신은 즉시 일어나 읍하고 거듭 감사하다는 말을 하며 물러갔다.

이후 조선 표류민들도 류큐에서 직접 오지 않고 중국을 경유해 송환된다. 1546년에 제주도의 박손 등 12명의 표류민이 이런 경로로 돌아왔다. 조선의 사신이 베이징에 갔을 때 그곳에 온 류큐 사신이 그들을 데려와 신병을 인도받았다.

이처럼 왜구의 방해로 조선 류큐 간 표류민의 직접 송환은 중국을 경유하는 간접 송환으로 바뀌었다. 그러나 1609년, 류큐가 사쓰마 번에 복속된 이후 류큐에 표류한 사람은 모두 막부의 직할 도시인 규슈의 나가사키로 보내졌다. 조선인도 나가사키로 보내진 다음 쓰시마 번에 넘겨져서 조선으로 송환되었다. 이런 송환 경로는 1697년까지 계속되었다.

그러다가 1698년부터는 송환 절차가 다시 중국을 경유하는 것으로 달라진다. 명을 멸망시키고 들어선 청나라는 국가 체제가 정비되면서 1685년에 전해령(展海令)을 내린다. 해금 정책을 사실상 폐지한 것이다. 바다로 진출하는 사람이 많아지면 표류민이나 표류선도 늘어날 것인데, 청은 이들을 류큐가 직접 송환해줄 것도 함께 요구했다.

류큐로서는 이런 요구를 거부할 이유가 없었다. 청나라는 류큐가 일본에 복속당한 사실을 아직 눈치 채지 못하고 있었다. 그렇지 않아도 수십 년 동안 일본의 나가사키를 통해 표류민을 송환하면서 류큐는 자신들이 일본의 지배를 받는 허수아비 왕국이라는 사실을 청나라가 알게 될까 봐 노심초사하던 터였다. 왜냐하면 자신들이 일본에 복속한 사실이 청나라에 알려진다면 조공 무역을 유지할 수 없을 것이며, 그러면 백성들의 살아갈 방편이 아득해질 뿐 아니라 왕조도 더는 유지할 수 없게 되기 때문이었다. 또 중국 표류민이나 표류선 송환은 조공 무역과 마찬가지의 경제적 효과를 낼 수 있었다.

1696년, 중산왕은 표류선 중 남만선(南灣船)이나 종교에 의심이 가는 선박 외에는 나가사키를 거치지 않고 곧바로 청나라 푸젠 성의 푸저우로 보낼 수 있게 해달라고 막부에 청했다. 막부는 별다른 토를 달지 않고 청을 들어주었다. 막부 또한 나름의 계산이 있었던 것이다. 일본은 류큐를 간접 통치하면서 막대한 경제적 이득을 취해왔다. 그런데 자신들의 류큐 침공 사실이 청에 알려지면 류큐국의 중국 조공선을 보낼 수 없을 것이며, 그 조공 무역의 혜택을 더는 누릴 수 없게 될 것이었다.

이에 따라 1698년에 전라도 출신의 표류민 18명이 류큐 접공선(接貢船) 편에 푸젠 성으로 갔다가 베이징에서 조선의 사신을 만나 귀국했다. 반대의 경우도 중국을 통하기는 마찬가지였다. 1794년 조선에 표착한 류큐 표류민들은 베이징에서 푸젠 성을 거쳐 본국으로 송환되었고, 그 후의 류큐 표류민들도 대부분 그 경로로 송환되었다.

1802년 4월 4일

백촌(白村)에 이르니 역인(譯人)이 와서 사정을 묻는데 우리나라 말을 대략 할 줄 알았다. 움막 한 채를 엮어 거처하는데, 사람마다 매일 쌀 한 되 다섯 홉과 채소 여러 그릇을 주고 하루걸러 돼지고기가 제공되었다. 또 여름옷을 내려주고 병이 들면 의원이 와서 진찰하고 약을 주었다.

문순득 일행은 그렇게 백촌에서 6개월을 머물렀다.

다와타 교수의 설명에 따르면 백촌은 현재 나하 시의 토마리(泊) 마을이다. 「표해시말」에는 백촌, 즉 흰 마을이라고 나오지만 한자가 백(白)이 아니라 박(泊)이다. 문순득 일행은 3월 20일에 금촌(禽村)을 출발해서 4월 4일에 나하 토마리에 도착했고, 그후에 중국으로 가기 위해 배를 탔다. 류큐 왕국 시대에 표류한 사람은 어디로 흘러 들어오든 일단 토마리에 데려온 후 중국으로 보내졌는데, 그것은 일종의 국제조약과 같은 것이었다.

문순득도 1696년 이후 적용된 조선 류큐 간 표류민 송환 체계를 따라야 했고, 그래서 조선으로 곧바로 돌아오지 못하고 중국으로 가야 했다. 그리고 류큐에 표류한 사람이면 누구나 거쳐야 하는 곳이 나하였다.

류큐는 조선 표류민을 환대했다. 집집마다 번갈아가면서 표류민을 초대하고 후하게 접대했다. 1451년 류큐에 표류했다가 돌아온 양성은 류큐 주민들 집에 초대되어 융숭한 접대를 받았고, 표류민 초득성도 류큐 주민들에게 구조된 후 그들에게 돌아가며 접대를 받았다. 1477년 류큐에 표류한 김비의 일행도 표착지에서 나하로 이송되기까지 거의 1년이 넘는 기간 동안 대부분 민가를 빌려 묵었다. 기간도 오래 걸렸을 뿐 아니라 주민들과의 자유로운 접촉이 허용됐다는 얘기다. 그렇게 길게 머무르면서 현지 주민들과도 마음대로 왕래할 수 있었으니 류큐의 현지 사정을 속속들이 들여다볼 수 있었을 것이다. 게다가 당시 류큐에서는 표류민을 특별히 감시하지도 않았다.

문순득 일행이 처음 아마미오 섬에 상륙했을 때도 류큐 사람들은 친절했다. 그런데 문순득은 그때 사람들이 움막을 지어 자기네 일행을 그 안에 살게 하면서 8명이 감시했다고 말했다. 나하에서도 움막 한 채를 지어 거처하게 했다. 류큐가 이처럼 표류민을 감시하고 주민과의 접촉을 통제한 것은 1696년부터다. 류큐는 표류민들이 마음대로 류큐 거리를 돌아다니지 못하게 했고, 감시원을 붙여 통제했다. 혹시 표류민들이 류큐가 일본 사쓰마 번의 지배를 받고 있다는 것을 눈치 채면 중국을 경유해 송환되는 표류민들을 통해 그 사실이 중국에 알려질 것이기 때문이었다.

그래서 류큐는 조선 사람이 표류해 오면 비교적 빠른 시일 안에 나하로 이송하게 했다. 1735년 류큐의 게라마 섬에 조선인들이 표착하자 류큐는 가능한 한 빠르게 표류민 조사를 마친 다음 별도의 시설로 옮겨서 그들을 격리 수용했다. 또 나하로 이송하는 과정에서도 주민들과 접촉을 못 하게 했고, 나하에 도착해서도 거리를 마음대로 돌아다닐 수 없게 감시했다. 조선인 수용 시설을 감시하는 곳에는 감시인 4명을 두어 철야로 불을 밝힌 채 류큐 주민들의 접근을 막았다. 이러한 류큐의 은폐 방침은 19세기 중엽까지 계속되었다.

문순득 역시 그런 감시를 벗어날 수 없었다. 그런데 문순득은 이런 상황에서도 류큐에 머무르는 8개월 동안 현지의 언어를 배우고 그들의 사는 모습을 속속들이 들여다보았으며, 그 모두를 하나도 빠짐없이 기억하고 돌아와 기록으로 남겼다.

5

조선을 닮은 나라 류큐

나하 국제거리 평화시장으로 들어서면 정육점에서 늘어놓은 고 사용 돼지머리가 흔히 눈에 띈다. 족발도 판다. 우리 재래시장에 가면 언제나 볼 수 있는 익숙한 풍경이다. 일본 사람 하면 으레 해산물을 좋아할 거라 생각하지만 오키나와 사람들은 육식을 좋아한다. 특히 돼지고기를 우리처럼 머리부터 발끝까지 전부 먹는다고 한다.

일찍부터 활발한 해상무역을 펼치면서 동남아 여러 나라와 교역했고 중국과 조선을 통해 선진 문물을 받아들인 류큐였기에 오키나와에는 여러 나라의 문화와 풍습이 스며들어 있다. 게다가 제2차 세계대전 후 미군에 점령되어 27년 동안이나 통치를 받은 경험까지 있으니, 오키나와에는 동서양적 요소가 두루 섞여 있는 것도 당연하다. 그중 음식 문화는 중국이나 한국의 것과 비슷한 점이 많다고 한다. 고사 상에는 돼지머리를 올리며, 살아 있는 돼지를 바친 후 고사가 끝나고 잡아서 함께 먹기도 한다.

오키나와는 이처럼 우리에게 낯설지 않다. 오키나와 나하 시에서

▶ 나하 시의 줄다리기줄

매해 가을에 열리는 줄다리기 축제 풍경 역시 그러하다. 세계 최대 규모의 이 줄다리기 대회에는 수만 명이 참가하는데, 사용되는 줄은 전통 방식인 볏짚을 이용해 만든다. 2009년 대회 때도 모두 3만 명이 넘는 사람이 참가했으며, 참가자 수가 많은 만큼 줄다리기에 쓰인 줄의 길이도 자그마치 199미터나 되었다고 한다. 이 줄을 제작하는 데만 수백 명이 동원되었고 줄 제작비는 우리 돈으로 약 1억 8천만 원이 들었다.

오키나와의 전통 행사인 줄다리기 축제는 370여 년 동안 이어지고 있다. 줄다리기뿐 아니라 오키나와 현의 민속촌인 '류큐무라(琉球村)'에 가면 우리나라인지 일본인지 헷갈릴 정도다. 전시관에는 한국의 농기구와 전통 부엌을 그대로 옮겨다놓은 듯한 생활 용구들이 전시되어 있어 친근감을 자아낸다.

민속 공연 또한 그렇다. 알록달록한 색깔의 사자탈 형상과 두꺼운 옷을 뒤집어쓴 두 사람이 추는 오키나와의 사자춤은 우리나라의 북청 사자놀음 같다. 사자춤 도중에 '미르쿠'가 공연장인 마당을 한 바퀴 돌면서 사람들에게 일일이 부채질을 해주는데, 미르쿠란 미륵을 말한다. 이 미르쿠는 오곡의 풍요로움과 마을의 번영을 가져다

주는 신으로, 부채질의 바람에 복을 실어 사람들에게 보내주는 것이다. 우리의 소고춤과 비슷한 전통 춤도 있다. 이처럼 오키나와는 우리나라와 어딘가 다르면서도 비슷한, 그래서 무척이나 익숙하게 느껴지는 지방이다.

류큐로 간 삼별초와 홍길동?

실제로 오키나와 박물관에는 류큐와 조선의 활발한 교류를 보여주는 유물들이 전시되어 있다. 학예사가 눈에 익숙한 기와를 보여주면서 말했다.

"이 기와는 오키나와 현의 우라소에 성터에서 나온 것입니다. 기와 표면에 '고려라는 나라의 장인이 만들었다'라는 내용이 찍혀 있기 때문에 이것을 고려계 기와라고 부릅니다. 이 기와 이외에도 조선에서 들여온 도자기의 파편이 발견되거나 조선 사람이 표류했다는 기록도 남아 있는 것으로 보아 당시의 오키나와는 조선과 상당히 교류가 있었다고 할 수 있습니다."

수십 년 전부터 오키나와 열도 곳곳의 성터 왕릉지에서 고려계 수막새, 암막새가 잇따라 출토되었다. 이 과정에서 가장 주목을 받은 유물은 사다리꼴 모양에 물고기 뼈대 무늬가 새겨진 암키와다. 이 암키와가 주목받는 이유는 '계유년 고려 와장조(癸酉年 高麗 瓦匠造)'란 글이 새겨져 있기 때문이다. 계유년에 고려의 기와 장인이 만들었다는 뜻인데, 그 연도로 추측 가능한 때는 1153년, 1273년, 1333년 그리고 조선 건국 직후인 1393년이다. 일본에서는 1393년 설이 유력하다. 한반도와 류큐국의 첫 교류가 1389년 시작됐기 때문에 고려 멸망 직전에 양국간 공식 교류가 시작되었다고 봐야 하고, 고려 기와를 만드는 고급 기술자 파견은 이런 공식 교류 이후에 가능했으리라는 이유다.

그렇지만 1273년 설도 상당한 근거를 갖고 있다. 고려 삼별초가 여몽연합군에 패한 것이 1273년이며, 류큐에서 발견된 고려 기와 중 한 수막새에 새겨진 뾰족한 꽃잎과 가운데 씨방의 모양이 삼별초의 본거지인 전남 진도 용장산성에서 나온 기와와 비슷하다.

고려는 1271년 마침내 40년간 이어진 대몽항쟁(對蒙抗爭)의 막을 내린다. 그러나 삼별초는 항복하지 않는다. 지휘자 배중손은 천여 척의 배를 이끌고 전라도 진도에 들어가 그곳을 대몽항쟁의 근거지로 삼았다. 삼별초는 남해안 일대의 제해권을 장악했으나 밀릴 수밖에 없는 싸움이었다. 지휘자 배중손은 죽었고 삼별초의 나머지 세력은 제주도로 퇴각했다. 1273년 4월, 만여 명의 여몽연합군이 토벌 작전을 벌였고 삼별초는 영영 역사에서 사라졌다.

그러나 역사의 기록에서만 사라졌을 뿐, 삼별초의 존재 자체가 소멸된 것은 아니었다는 주장이 제기되고 있다. 문순득이 표류를 당해 제주도 인근에서 류큐로 흘러갔듯 토벌대를 피해 살아남은 삼별초의 나머지 생존자들이 그 해류를 타고 류큐로 갔을 수도 있다는 것이다. 그 고려 삼별초가 류큐에서 터를 잡고, 고려식 건축물을 지어 기와를 올리고 '계유년 고려 와장조'라 새겨 넣었을 가능성이 충분하다는 것이다.

한편 홍길동의 이상향 율도국이 바로 류큐라는 주장도 있는데, 아래의 홍가와라(洪家王) 추모비에 적힌 내용을 보자.

오야케 아카하치(赤蜂)는 홍가와라 아카하치라고도 불렸다. 그는 군웅할거 시대에 두각을 나타내 당시 오하마무라(大兵村)를 근거지로 집단생활을 했으며 민중의 제왕으로 추앙받았다.
분메이(文明) 18년(1486) 오키나와 본도 중산왕조의 쇼신 왕은 사신을 야에야마(八重山)로 파견해서 지역 축제를 음사(陰祀) 사교로 규정하여 금지했는데, 이 신앙 탄압에 섬 주민들은 격분했다. 그러자 오야케 아카하치는 선두에 서서 중산 정부에 반기를 들었다. 그는 중산에 대한 조공을 3년에 걸쳐 중단하기로 하고 중산 정부의 반응을 기다렸으나, 쇼신 왕은 정예부대 3천여 명과 병선 46척을 보내 반란 진압에 나섰다.
아카하치는 맹렬히 맞섰으나 역부족으로 패하고 종적을 감추었다. 지금으로부터 454년 전인 메이오(明應) 9년(1500)의 일이다. 아카하치는 봉건제도에 반항하여 자유 민권을 주장하고 섬 주민들을 위해 용감히 싸웠다. 싸움에서는 지고 말았으나 그의 정신과 행동은 후세에 길이 전해질 것이다. 여기 비석을 세움으로써 그의 위업을 기리는 바다.

1953년 4월, 일본 오키나와 현의 이시가키(石垣) 섬 주민들은 오하마무라 기원(崎原) 공원에 위와 같은 내용의 홍가와라 추모비를 세웠다. 이 비문 속의 주인공 홍가와라가 곧 홍길동이고, 오키나와 즉 옛 류큐국은 홍길동이 꿈꾼 이상향 율도국이라는 주장이 끊임없이 제기되고 있다.

광해군 10년(1618) 8월 22일의 실록 기사에도 이와 관련된 언급이 나오는데, 홍문관 관원들은 다음과 같은 상소를 올려『홍길동전』의 저자 허균(許筠)의 관작을 삭탈하고 엄히 국문하기를 청했다.

> 하늘이 낸 괴물인 허균이 200년의 종사에 화를 전가하려고 한 전후의 흉악하고 비밀스러운 상황에 대해, 사람마다 모두 마음속으로 통탄해하고 있었으나 입으로 말하지 못했을 따름입니다. (…) 중들이 난을 일으키려고 모의하자 사람들이 모두 말하기를 '허균이 한 짓이다' 하고, 국문(숭례문)에 흉서(凶書)가 내걸리자 또 모두 말하기를 '허균이 한 짓이다' 하며, 산에 올라가 밤에 소리를 질러 협박해서 도성을 나가게 하자 이 또한 '허균이 한 짓이다' 했습니다. 또한 원수를 갚으려는 유구의 군대가 와서 섬에 숨어 있다는 설이 나돌자 이번에도 모두 말하기를 '허균이 창도한 것이다' 했습니다.

당시 장안에는 역모 혐의를 쓴 허균을 지원하기 위해 류큐국 군대가 지원을 왔다는 설이 파다했다. 소설 속에서 홍길동은 형을 형이라 부르지 못하고 아비를 아비라 부르지 못한 서자 출신으로, 조선 시대 봉건제도에 맞서 투쟁하다가 유배지를 탈출해서 활빈당을 이끌고 율도국으로 건너가 유토피아를 건설했다. 그런데 그 율도국이 바로 류큐국, 즉 지금의 오키나와라는 것이다.

오키나와에는 여러 곳에 홍가와라를 기념하는 유적과 기념비가 있다. 하테루마(坡照間) 섬에서 홍가와라는 민권운동의 선구자가 되었으며 이시가키 섬에서는 홍가와라 일행의 집단 거주지로 추정되는 곳을 복원하고 있다. 또 야에야마 박물관에는 홍가와라가 가져왔다는 각종 농기구와 화폐 등이 전시되어 있다. 구메 섬과 미야코(宮古) 섬에도 홍가와라가 쌓았다는 성터가 남아 있으며, 오키나와 현립도서관에는 홍가와라와 관련된 각종 문헌 자료가 보관되어 있다.

일본어와는 다른 류큐어

문순득은 표류민 신분이면서도 아마미오 섬과 나하 등지에서 여덟 달을 머무르는 동안 류큐 사람들의 삶을 속속들이 들여다보고 그것을 머릿속에 저장했다. 바람에 떠밀려 표류한 평범한 홍어 상인이 처음 만난 낯선 나라 사람들과 어떻게 의사소통을 할 수 있었을까? 문순득보다 먼저 류큐에 표류한 사람들의 기록부터 살펴보자.

1477년 류큐에 표류한 김비의 일행은 선량한 류큐 주민들에게 극진한 대우를 받았다. 고향에 돌아가기를 고대하면서 바람과 물때를 기다리기를 벌써 몇 달이던가. 웬만한 기본 단어 정도는 알아들을 수 있었으련만 류큐의 언어는 이방인이 배워서 쓰기에 쉽지 않은 언어였다. 그러니 말로 의사소통을 하기란 불가능했다. 고향에 돌아가고픈 마음은 간절한데, 말이 통하지 않으니 자신들의 소망을 전달할 길이 막막했다. 김비의는 이렇게 말했다.

"우리는 저들과 언어가 통하지 않았습니다. 그러나 오랫동안 그 땅에 있으니 조금은 그 말뜻을 알게 되었습니다. 우리는 고향을 생각하고 항상 울었는데, 그 섬 사람이 새 벼의 줄기를 뽑아서 옛날 벼와 비교해 보이고 동쪽을 향해 바람을 부는 것은 대개 새 벼가 옛 벼와 같이 익으면 출발하여 돌아가게 되리라는 뜻이었습니다."

1622년 여름, 전남 무안의 남녀 18명이 고기잡이를 하다가 큰바람을 만나 류큐국까지 표류했다가 돌아왔다. 말이 통하지 않으니 류큐국 사람들은 이 표류민들이 어느 나라에서 왔는지 알 길이 없었다. 그러자 그들은 북 하나를 가져오더니 손으로 가리키며 춤추는 시늉을 했다. 표류민들이 그 뜻을 알아채고 노래를 부르며 북춤을 추었고, 그 모습을 본 류큐인들은 "고려인"이라고 부르며 집을 마련해주고 먹을 것을 내주는 등 우호적인 태도를 보였다.

정조 14년(1790) 7월 11일에는 흥양현(전남 고흥군)에 낯선 선박이 표류해 왔다. 소나무로 된 선체에 조선의 배와는 달리 쇠못을 친 배였다. 당연히 말이 통하지 않았고 표류민 중 한 사람이 한자로 글을 써서 보였다.

'유구국 중산왕 사람으로 풍랑을 만나 이 지방에 닿았다.'

이에 혹시 일본어를 알아들을까 싶어 일본 글자를 써 보였지만 머리를 흔들면서 대답하지 못했다. 중국 글자를 써 보여도 마찬가지였으므로 더는 대화를 진행할 수 없었다.

며칠 후인 7월 20일에도 제주목(濟州牧)에 다른 나라의 배가 표류해 왔다는 실록 기사가 있다. 그 배는 앞뒤가 높은데 앞에는 해를 그리고 뒤에는 달을 그렸으며 양쪽 가장자리에는 난간을 설치했다. 배 안에는 차좁쌀이 364섬이나 실려 있었고 말 3필과 개 2마리도 있었다. 『논어』『중용』『소학』『삼국지』등 책도 많았는데 책에 실린 협주(夾註, 본문을 알기 쉽게 풀이한 글)를 통해 그 나라의 책이라는 걸 알 수 있었다. 그 사람들은 상투 하나에 비녀 2개를 꽂았으며 상투 아래쪽의 머리를 깎았고, 온몸을 빙 둘러 감을 수 있는 얼룩덜룩한 옷을 입고 있었다. 대체 어느 나라 사람들이며 그렇게 다양한 물품을 싣고 어디로 가는 길이었을까? 한자를 써서 물으니 류큐국 사람들이었다. 미야코 섬에 연례로 바치는 공물을 싣고 가다가 풍랑을 만나 제주도 귀일포에 닿은 것이다. 선주가 글을 좀 알아서 글로 문답했으나 그들의 글은 조선 사람들로서는 잘 이해할 수 없었다.

이렇듯 오키나와어는 일본어와는 다르다. 기본 구조는 비슷하지만 세부 언어 구성에서 일본어와 많은 차이를 보인다. 그래서 학계에서는 일본어로 통칭하지 않고 오키나와어 또는 류큐어라는 독자적인 언어로 분류하기도 한다. 그러나 일본의 오키나와어 말살 정책으로 오키나와어는 사라져가고 있다. 이제 일부 나이 많은 사람들이나 간신히 기억할 정도고, 소수의 문학작품과 공연 예술 등에

나 등장할 뿐이다.

언어를 잃으면 정신도 잃고, 문화도 잃게 된다. 일본 메이지 정부는 소위 표준어 도입 정책을 시행하면서 방언 박멸 운동을 펼쳤다. 일본에 점령된 오키나와 현의 학교에서는 학생이 류큐어를 사용하면 나무로 만든 방언찰을 목에 거는 벌칙을 받았다. 이 방언찰을 벗으려면 다른 학생이 류큐어를 사용하는 것을 찾아내야 했다. 그 때문에 어린 학생들이 서로 누가 오키나와어를 쓰는지 감시하는 상황이 빚어졌다. 방언찰은 1960년대까지 계속 남아 있었는데, 이 정책은 상당한 효과를 거두었다. 학부모들은 방언찰을 굴욕으로 느끼면서도 자녀의 앞길을 위해 이 부당한 정책을 묵인할 수밖에 없었다.

그렇게 오키나와어는 일상생활 속에서는 거의 사라져버리고 말았다. 이런 상황이니 문순득이 배워서 기억하고 기록한 류큐어가 얼마나 정확한지를 확인하기란 쉽지만은 않을 듯했다. 우리는 먼저 오키나와 현에 있는 대학교를 찾아가보기로 했다. 언어를 전공하는 학생들은 자기가 사는 고장의 전통 언어에 대해 일반인들보다 잘 알고 있지 않을까 하는 기대를 품고.

오키나와어 사전 「표해시말」

오키나와 국제대학의 언어학부 강의실에서 학생들에게 물었다.
"일상생활에서 쓰이는 말을 오키나와 방언으로 할 줄 아는 사람

있습니까?"

　손을 드는 학생이 없었다.

　우리는 「표해시말」에 적힌 류큐어 단어들의 한글 발음을 읽어 들려주었다. 강의를 듣는 70여 명 모두 그 단어들을 알아듣지 못했다. 부모님이 그런 말을 쓰는 것을 들어본 적도 없다고 했다. 게다가 지금 자신들이 사용하는 일본어와 다른 독자적인 오키나와어가 있었다는 얘기를 처음 듣는다는 학생도 많았다.

　그래도 그들은 한국인이 200년 전에 오키나와에 왔었고, 오키나와 사람들의 말을 배워서 한글로 기록해두었다는 사실에는 놀라움과 흥미를 나타냈다. 하지만 여전히 문순득이 기억한 류큐 언어가 얼마나 정확한지는 확인할 수 없는 상황이었다.

　그런데 오키나와어가 아직 남아 있는 곳이 있다고 했다. 오키나와 주변 지역을 중심으로 전해 내려오는 전통 시가인 류카(琉歌) 공연에서 우리는 드디어 류큐 언어를 확인할 수 있었다.

　"큐~누 후쿠라샤아~~~."

　마치 시조를 읊는 듯 느린 가락의 노래가 흐르기 시작했다. 얼굴에 새하얗게 분칠을 하고 화려한 색채의 전통 기모노를 입은 여자 3명이 그 노래에 맞춰 느리디느린 춤사위를 펼쳤다. 아무 표정도 드러내지 않는 그 얼굴의 분장이 얼마나 진한지 나이와 생김새를 거의 알아볼 수 없을 정도였다. 옆쪽에서 시조인지 노래인지 모를 운율을 읊는 사람들은 제법 나이 든 남자들로, 춤추는 여자들과 거리를 둔 채 모여 앉아 있었다. 무릎 위에 가야금을 얹었고 역시 전통 복장에 머리

▶ 오키나와 전통 시가인 류카 공연 모습

에는 관을 썼다. 그들이 들려주는 노래의 음률을 따라 여자들의 춤사위도 달라졌다.

시가의 한 형태인 류카는 글자 그대로 풀면 류큐국의 노래라 할 수 있다. 한쪽에서 장단에 맞춰 시가를 읊으면 그 음률을 따라 여자들이 춤을 춘다. 류카는 오키나와 섬과 그 주변의 아마미 제도, 미야코 제도, 야에야마 제도 등지에만 전해지는 독특한 예술 형태다. 1726년 류큐에 표류한 김일남과 부차웅이 들은 류큐인의 노래가 이 류카일까? 그들은 류큐에서 들은 노래에 대해 이렇게 설명했다.

'노래는 한 사람이 선창하다가 3, 4절로 바뀌면 10여 명이 한목소리로 화답한다. 가락이 간드러져서 처량한 것이 들을 만했다.'

춤 동작에 대한 이야기는 없지만 노래의 흐름은 우리가 본 것과 비슷했다. 한 사람이 선창하면 나머지 사람들이 후렴구를 합창했다. 그러나 처량한 곡조만 있는 것은 아니었다. 빠르고 경쾌한 노래와 그에 어우러지는 춤도 있었다.

바로 이 류카의 가사에 옛 오키나와어 형태가 그대로 보존되어 있다. 그러니까 이제는 거의 사라지고 없는 오키나와어의 원형이 고스란히 류카의 노랫말로 전해지고 있다는 얘기다. 앞서의 노랫말 '큐누 후쿠라샤야'는 오키나와어로 '굉장하다'라는 의미라고 한다.

오키나와 류카 전승 보존회. 이들은 프로 공연단이 아니라 사라져 가는 오키나와의 전통과 문화를 이어가기 위해 자발적으로 나선 사람들이었다. 회원 대부분이 나이가 많은 편이었는데, 앞서 춤을 보여준 여자 3명은 젊은 층이었다. 지역의 사라져가는 전통을 지키고 이어가는 일에 나선 젊은이들의 모습이 보기 좋았다. 그런데 류카의 노랫말을 굳이 옛 오키나와어 그대로 고집하는 이유는 무엇일까? 전통 보존도 좋지만 젊은 관람객들을 위해서라도 현대의 언어로 바꿔나가야 하지 않을까 묻자 나이 지긋한 여성 회원이 대답했다.

"예를 들어 '굉장하다'라는 말을 일본어로 하면 느낌이 잘 오지 않습니다. 제 또래나 저보다 연배가 있으신 분들은 지금 사용하는 일본어로 가사를 바꿔 들으면 오키나와 특유의 정서를 공감할 수 없다는 말이죠. 젊은이들은 아마 가사를 이해하지 못할 겁니다. 그래서 공연을 할 때 대강의 느낌을 설명해줍니다. 바다 춤이라든지, 구름 춤이라든지, 축하할 때 추는 춤이라든지 하는 식으로요."

이제 문순득이 듣고 기억해서 기록으로 남긴 옛 류큐 언어들이 얼마나 정확한지 알아보아야 했다. 류카 보존 회원들에게 「표해시말」 류큐어 부분을 보여주면서 단어 하나하나를 한글로 기록된 대로 발음하며 맞춰보았다.

표기상의 차이가 있을 뿐 실로 놀라울 정도로 일치하는 기록이다. 글도 모른다는 사람이 어떻게 낯선 말을 정확하게 듣고 이해하고 기억해두었다가 돌아와서 그대로 전달할 수 있었을까? 류큐에 표류한 뒤에도 고향으로 바로 돌아오지 못하고 필리핀으로, 마카오로, 중국으로 머나먼 길을 빙빙 돌아 떠밀려 다녔는데 말이다.

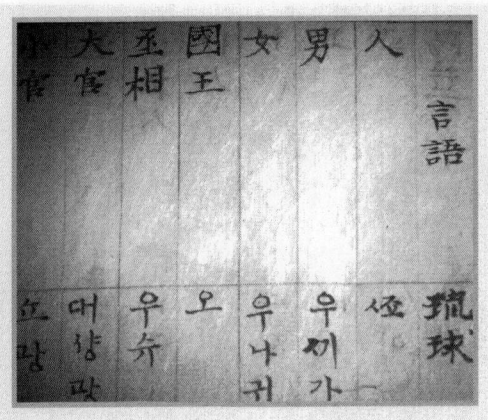
▶ 「표해시말」 유구 언어 편

	「표해시말」 유구어	오키나와 방언
사람	쑈	추
남자	우씨가	이키가
여자	우나귀	이나부
입	구지	구치
물	미즤	미지
매일(每日)	미니치	메니치

다음으로 1월부터 12월까지는 뭐라고 하는지도 확인해보았다. 문순득은 류큐에서는 달(月)을 '과치'라 한다 했는데 이번에도 틀리지 않았다. 오키나와 방언으로 달은 '가치'라 한다. 그러면 1월부터 차근차근 맞춰보자.

	「표해시말」유구어	오키나와 방언
1월	쇼과치	쇼가치
2월	임과치	인가치
3월	산과치	산가치
4월	스과치	시가치
5월	우과치	공가치
6월	뉴구과치	로쿠가치
7월	치시과치	시치가치
8월	화치과치	하치가치
9월	궁과치	쿤가치
10월	시과치	쥬가치
11월	시모지지	시무치치
12월	시와시	시와치

이렇게「표해시말」에 적힌 류큐의 단어 하나하나를 대조해가던 류카 보존 회원들은 저마다 놀라움의 탄성을 쏟아냈다. 게다가 문순득의 이 총명함은 언어에서 끝나지 않았다. 뛰어난 기억력과 관찰력을 바탕으로 그는 류큐에 머무르는 8개월 동안 보고 듣고 경험한 모든 것을 남김없이 기억의 저장고에 갈무리해두었다.

류큐인들의 삶을 엿보다

표류민 신분으로 언제 고향에 돌아갈지 기약 없는 세월을 보내면서도 문순득은 남다른 적응력으로 류큐 주민들과 친구가 되었다.

왕명은 표류민을 따로 격리하라 하고 주민들과 접촉할 수 없게 감시하라 했지만, 이방인들과 낯가림 없이 지내온 것이 류큐인들의 오랜 습성이라 조선에서 온 표류민들에 대한 호기심을 멈출 수 없었나 보다. 류큐인들은 문순득 일행을 집으로 초대하기도 하고 자신들의 살아가는 모습을 스스럼없이 보여주기도 했다.

문순득은 그들의 생활을 꼼꼼하게 들여다보았다. 죽은 사람의 가족이나 이웃들만 참석할 수 있는 장례식에도 가서 고인을 저승길로 보내는 과정을 지켜보았다. 심지어 여자들의 몸에 새긴 문신까지 관찰했다.

지금부터 「표해시말」의 내용을 토대로 정약전과 문순득의 대화를 상상해보자.

정약전은 오늘도 문순득을 찾아왔다. 외국의 선진 문물에 지대한 관심을 지닌 실학자에게 문순득의 표류담은 아무리 들어도 신기하기만 한 이야기였다. 멀리 강진에서 학문 탐구와 저술에 여념이 없는 아우 약용에게도 도움이 될 만한 소재가 많았다. 또 문순득의 신명 나는 모험담을 듣고 있으면 시간 가는 줄 몰랐고, 그 신명에 잠시나마 자신이 절해고도로 귀양 온 유배인 신분이라는 것을 잊을 수도 있었다.

문순득의 얘기를 받아 적을 준비를 마친 정약전이 물었다.

"그 유구국 사람들의 풍속(風俗)은 어떻던가?"

"유구 사람들은 어른이나 가끔은 나이가 비슷한 사람끼리 만나도 일어나지 않고 꿇어앉아 합장하고 부복(俯伏)하며, 앉을 때는 반드시 꿇어앉습니다."

"음, 우리 조선과는 풍습이 많이 다르군."

"그리고 남녀가 한자리에 모여 이야기하는데, 비록 귀인의 부인이라도 같이 앉지만 않을 뿐 분별하지 않습니다."

"남녀가 한자리에서 이야기하다니, 자네가 그것을 어찌 보았단 말인가?"

"하루는 통역이 저희를 어느 집으로 데려갔는데, 발을 치고 차와 담배를 대접했습니다. 남녀가 훌륭하게 차리고 있었는데 무슨 일인가 물으니 대상관(大上官)의 아내가 우리를 보고자 했다고 했습니다."

"음, 그랬군. 그 사람들의 용모는 어떻던가?"

"남정네는 코밑수염은 자르고 턱수염은 놔둡니다. 두발을 살펴봤더니, 정수리는 깎고 바깥쪽은 놔뒀습니다. 밀기름으로 붙여서 상투를 만들고 위에는 굽은 고리를 만들며, 아래로는 남은 머리카락을 감아놓았습니다. 용모나 풍습은 많이 달랐지만 사람이 죽으면 상여가 나가는 것은 우리 조선과 비슷했습니다."

"그래? 장례를 치르는 것도 보았단 말인가?"

"그렇습니다. 유구에서는 사람이 죽으면 시신을 앉히고 염을 하며, 상여 운불삽(雲黻翣, 발인할 때 영구차의 앞뒤에 세우고 가는 제구와 널판)과 명정(銘旌, 죽은 사람의 관직과 성씨 등을 쓴 기)과 여러 사람이 상여를 따르는 예의가 거의 우리나라와 같습니다. 특이한 것은 부인이 상여를 따르면 밖을 포장으로 둘러치고 앞에서 승려가 방울을 들고 이를 인도합니다."

이처럼 문순득이 본 류큐의 장례 풍습은 우리나라와 비슷하기도 하고 또 한편으로는 달랐다. 우리는 이와 관련된 풍습의 흔적을 찾아서 그 내용의 정확성을 확인해보기로 했다. 문순득이 본 200년 전 류큐의 장례식 풍경이 지금도 오키나와 어딘가에 남아 있거나, 그런 풍습이 있었다는 것을 증명할 만한 자료를 찾을 수 있지는 않을까?

우리는 오키나와의 민속학자 스즈키 고타 씨를 찾아갔다. 그는 오키나와의 민속자료를 집대성한 사진집을 보여주면서 말했다.

"오키나와 장례식 사진을 보면 그 행렬에서 옆으로 색은 확실치 않지만 하얗게 막이 있는 것을 찾을 수 있습니다. 요즘은 그런 광경을 볼 수 없지만, 오키나와 류큐제도 가장 남쪽에 요나구니(與那國)라는 섬이 있습니다. 중국에 가장 가까운 섬인데 그쪽에서는 지금도 볼 수 있을 겁니다. 요나구니 섬의 사진집에도 장례식 행렬 때 하얀 천이 걸린 모습이 실려 있었던 것 같습니다. 그리고 문순득이 보았다는 당시 기록을 참조하면 오키나와 본토에서도 그런 장례식이 있었다고 추정할 수 있습니다. 대개 장례식에는 가장 앞에 여자가 서 있는데, 여자를 중심으로 그 막을 사용하고 이 뒤로 남자들과 일반 장례식 참가자들이 따랐을 겁니다."

문순득이 제대로 본 것이다. 당시 류큐의 장례식에는 조선과 달리 여자가 앞장을 섰다. 그리고 그 여자들 앞으로는 하얀 천으로 가림막이 드리워졌다. 그러니까 오키나와 사람들은, 심지어 전통 민속을 연구하는 학자까지도 그런 장례 풍습은 저 멀리 남쪽 섬에서 나 있었던 것으로 알고 있었다. 그런데 조선인 표류민 문순득의 기록을 통해 오키나와 본토에서도 그런 장례 풍습이 있었음이 증명된 것이다.

그런데 왜 류큐의 장례식은 여성 중심이었을까? 스즈키 씨의 설명이다.

"오키나와도 한국과 마찬가지로 중국에서 유교를 받아들였습니다. 17~18세기에 본격적으로 유교가 들어왔는데, 그때는 흔히 말하는 씨족사회로 남자가 중심이었지요. 하지만 오키나와 전통의 민간 종교에서는 장례식이나 집안에서의 조상 숭배에서도 여성이 중심이었습니다. 그래서 오키나와에서는 유교를 받아들이면서도 남자의 역할을 여자도 하는 양상을 보였습니다. 즉 중국의 유교 속에 토착의 오키나와 문화가 섞여 있는 것입니다."

다시 200년 전 문순득과 정약전의 대화 속으로 돌아가보자.

"유구의 묘 쓰는 풍습은 우리와 전혀 달랐습니다. 그 사람들은 족장(族葬)이라는 걸 했습니다."

"음, 족장이라, 그러니까 가족묘를 쓴다는 얘기인가?"

"예, 그렇습니다. 시신마다 각기 돌 상자를 땅속에 만들고 위를 석회로 봉합니다. 그리고 옆에 석문이 있어 장사 지낼 때 관을 상자에 넣고 문을 닫습니다. 상자의 크기는 서너 칸 혹은 대여섯 칸으로 한 집안을 같이 장사 지낸다고 합니다."

즉 류큐국의 장례는 죽은 사람의 시신을 땅에 묻는 매장이 아니었다. 돌로 만든 석실 속에 시신을 넣은 나무 관을 두면 세월과 바람이 그 시신을 씻겨주는, 일종의 풍장으로 봐야 한다. 그런데 이렇게 시신을 나무 관에 넣어 옮기는 장례 절차는 오키나와에서는 이미 사라졌다고 한다. 1950년대에 오키나와 각지에 화장 시설이 보급되었기 때문이다. 그래도 시신을 매장하지 않는 것은 여전하다. 무덤이 있더라도 관은 지상에 두기 때문에 오키나와의 장례는 매장이 아니라 풍장이라고 부른다고 한다.

문순득은 이처럼 류큐인의 장례 풍습까지 세밀하게 들여다보았다. 이런 자세한 기록은 오키나와 현지에도 없는 것이라 한다. 즉 「표해시말」은 오키나와의 민속을 연구하는 데도 귀중한 자료라 할 수 있다. 그 기록이 정확하다고 확인된다면 오키나와의 중요한 역사책이 될지도 모를 일이다.

이 외에도 문순득은 류큐인들의 사소하다 싶은 행동 하나까지도

▶오키나와 전통 가족묘

놓치지 않고 관찰했다. 다시 문순득의 말을 들어보자.

"유구 사람들은 다른 사람과 음식을 먹을 땐 젓가락으로 반찬을 집어서 손바닥에 놓고 입으로 빨아 먹는데, 젓가락이 입에 들어가 더러워지는 것을 싫어하기 때문입니다."

오키나와 민속촌의 장수 노인에게 물어보자, 실제로 젓가락으로 바로 집어 먹지 않고 여럿이 먹을 때는 젓가락에서 손으로 옮겨 먹었다고 확인해주었다. 그러나 그 이유는 젓가락이 더러워질까 봐서가 아니라 일종의 식사 예절이었다. 지금도 일본에서는 개인 접시에 담긴 요리가 아닐 때는 자기가 쓰던 젓가락으로 음식을 집는 것은 큰 실례라고 한다.

문순득의 목격담은 이어진다.

"유구 사람들은 언제나 차를 마시며 몸에는 항상 약을 지니고 있습니다. 그리고 담뱃대와 담배통은 매우 작고 항상 몸에 지니고 다니며, 6~7치(약 20센티미터)쯤이 나무 그릇이 있는데, 한쪽에는 불을 넣고 한쪽에는 타구(가래나 침을 뱉는 그릇)를 넣어 나갈 때 가지고 다닙니다. 품 안에 항상 종이를 가지고 있다가 그 종이로 밑을 닦습니다. 책을 읽을 때는 배를 땅에 붙이고 엎드려 읽습니다."

그리고 류큐 사람들의 독특한 문신 얘기가 이어진다.

"천인은 어깨에 반드시 문신이 있으며 직업에 따라 다릅니다. 어부는 세 줄의 철사 모양이고, 부인은 손등에 있습니다."

이 문신을 오키나와 사람들은 '하지치'라 하는데, 민속촌의 장수 노인은 그 문신에 대해 자세하게 알고 있었다. 여자들은 결혼과 함께 손등에 문신을 새기는 것이 관습이었고, 남자들은 신분이나 직업에 따라 여러 가지 모양의 문신을 새겼다고 한다. 가령 문순득이 말한 세 줄의 철사 모양이란 山자로, 물고기를 잡는 작살 모양으로 해석된다. 또 그런 문신을 새기는 직업이 따로 있었다고 한다. 스즈키 씨도 어렸을 때 그런 문신을 보았다고 했다.

"높은 사람들의 하지치는 독특한 무늬였습니다. 제가 어렸을 때까지도 나이 많은 할머니들이 손등에 문신을 한 모습을 볼 수 있었습니다. 요즘 그런 문신을 볼 수 없는 것은 메이지 32년(1899)에 문신 금지법이 나왔기 때문입니다. 그 이후에도 숨어서 문신을 하는 사람들이 있었다고는 하지만 점점 그 수가 줄어들어서 요즘은 그런 문신을 보기 힘든 상황이지요. 금지되기 전에는 여성이 성인이 될 때 성년 의식으로 문신을 하는 관습이 있었고, 모양도 여러 가지가 있었습니다. 여성의 성년 기준이 몇 살인지는 확실치 않지만 15세 전후였던 것으로 보고 있습니다. 한편 민간에서 전해지는 얘기로는, 사쓰마 번에 끌려가지 않기 위해 했다는 해석도 있습니다. 당시 류큐 왕국은 사쓰마의 지배를 받고 있었는데 문신을 하지 않으면 사쓰마에 끌려간다는 이야기가 있었다는 겁니다."

문순득은 류큐인의 옷과 장신구 등도 상세하게 관찰했다.

"유구에는 바지는 없고 긴 저고리만 입는 것 같았습니다. 길이는 발까지 이르고 소매는 팔꿈치를 움직일 수 있을 정도며, 다닐 때는 옷자락을 걷습니다. 남녀의 옷은 서로 다르게 만들지 않습니다. 베로 하체를 싸고 버선은 귀인이라야 신을 수 있는데, 홑베로 만들어

코를 두 갈래로 하여 한쪽은 엄지발가락을 감추고 다른 한쪽은 네 발가락을 감춥니다. 신은 모두 짚신인데 다닐 때는 엄지발가락을 신 들메 사이에 끼웁니다."

일본에 복속된 지 오래인 터라 이렇듯 류큐 사람들의 복식은 이미 일본풍을 따르고 있었다.

"유구에는 갓이 없습니다. 귀인은 모자가 있는데 대략 우리나라 서리(書吏)의 모자와 비슷하나 조금 낮고 짧습니다. 단잠(短簪, 상투를 고정하는 핀)은 은이나 구리로 만들고, 국화 장식을 만들어서 상투에다 하나는 세로로 하나는 가로로 꽂습니다. 부인은 낭자를 하고 비녀는 대모갑(玳瑁甲, 바다거북의 등딱지)으로 만듭니다. 천인은 일을 할 때 나뭇잎으로 삿갓을 만들어 쓰는데, 우리나라의 대삿갓과 같으나 조금 작고 그것으로 해를 가린다고 합니다. 부자는 반드시 우산을 가지고 다닙니다. 한편 유구의 귀인은 성(性)이 있지만 천인은 성이 없습니다. 유구 사람들은 말을 잘 타며, 가마는 내나무로 만든 것을 탑니다. 저자에 앉아서 장사를 하는 것은 모두 여자였습니다. 밭을 가는 데는 큰 괭이를 쓰고, 무논에는 쟁기를 먼저 씁니다. 관영통보(寬永通寶)라는 돈을 쓰는데 크기는 중국의 돈과 같으며 중국에서 통용됩니다."

다음으로 당시 류큐인이 살던 집에 대한 설명이다.

"유구인의 집은 거의 네모지고 반듯한 편입니다. 조선과 같은 온돌은 없고, 벽과 바닥이 모두 판자로 되어 있는데 가난한 사람은 대를 엮어서 만들기도 한답니다. 겉은 모두 벽이고 전면은 모두 통해 있습니다. 부자는 간혹 문을 설치하는데 한 면 전부를 두 짝 문으로 하고 판자로 만듭니다. 빛을 받아들일 때는 이것을 열면 집으로 빛이 들어옵니다. 곳집(곳간으로 쓰는 집)은 없고, 방 안 한구석에 따로 꾸밉니다. 밖에는 별채가 있어 손님을 접대합니다. 담장을 두르고 문짝은 세우지 않습니다. 지붕에는 기와를 덮고 풀을 올리는데, 기와 없이 풀만 올리기도 합니다."

문순득의 설명을 듣고 있으면 당장이라도 류큐식 집을 지어 올릴 수 있을 것 같지 않은가.

류큐는 남쪽 지방이라 모기가 극성이었다. 문순득은 이 점도 놓치지 않았다.

"유구인들은 종이로 궤짝 같은 장막을 만들어 잠잘 때 몸을 덮곤 하는데, 이렇게 하면 모기를 막을 수 있고 바깥의 습기도 피할 수 있습니다."

류큐의 토산물 - 고구마와 뱀술

"유구의 독특한 토산도 보고 왔을 텐데, 어떻던가?"

"유구에는 마사(파초과에 속하는 열대성 나무)라는 식물이 있는데, 길이는 2~3장(丈, 1장은 3미터)이고 크기는 여러 아름이며 위에는 댓잎 같은 큰 잎이 수십 개나 달려 있습니다. 열매는 누런색이고 모양은 오이를 닮았는데 달고 맛이 좋아 먹을 만합니다. 그 줄기는 겹

겹으로 되어 있어 껍질에서 심까지 차례로 벗겨서 모두 실을 만들어 베를 짜는데, 삼베에는 미치지 못하나 쓸 만하고 심에 가까운 것이 좋다고 합니다. 닥나무 종이는 값이 무척 싸다고 하며, 색깔은 우리나라와 비슷하나 깨끗함은 뛰어나며 두꺼운 것을 좋게 칩니다. 유구에서는 특이하게 오월에 벼를 거두어들입니다. 그리고 감저(甘藷)는 매우 많이 납니다. 또 왕뱀을 말렸다가 기가 허할 때 다시마와 달여서 먹습니다."

문순득이 류큐에 갔을 때 흔하게 본 감저, 즉 고구마는 당시 일본에서는 기근을 해결하는 구황작물이었지만 조선에서는 남부 지방 일부에서나 재배되고 있었다. 1726년 류큐에 표류한 김일남, 부차웅 일행의 표류기에도 이 고구마 얘기가 나온다. 하지만 그들 역시 그 '달고 맛있는 뿌리'의 정확한 이름을 몰랐다. 그들은 고구마를 덩굴로 자라는 채소라 했다.

덩굴로 자라는 채소가 있는데, 한번 덩굴로 지면 무성하게 몇 이랑씩 뻗어나간다. 맛은 달고 물러 사람이 먹기에 좋다. 반드시 껍질을 벗겨 쪄서 먹으며 끼니를 대신한다. 여기저기 심는데, 덩굴 하나에 수백 뿌리를 거둘 수 있어서 사람들이 굶주리지 않는다.

해마다 서러운 보릿고개를 넘겨야 한 조선 백성들에게 '덩굴 하나에서 수백 뿌리를 거둘 수 있는 데다 맛이 달고 부드러워서 먹기에도 좋은 열매'인 감저가 얼마나 부러웠을까? 고구마는 이처럼 류큐에서 끼니를 대신하는 식품일 뿐 아니라 구황작물 역할을 톡톡히 하고 있었다.

그런데 고구마가 애초부터 류큐에서 재배된 것은 아니다. 일본열도에 고구마가 전래된 것은 중국을 통해서였다. 16세기 푸젠 성 장저우에 진진룡이라는 상인이 있었는데, 그는 루손 섬으로 장사를 다니면서 그곳에서 처음으로 고구마를 먹어보았다. 루손 섬에 고구마를 들여온 것은 에스파냐 사람들이었다. 고구마를 맛본 진진룡은 고구마를 고향에 가져가고 싶었지만 루손 사람들이 내주지 않았다. 이에 진진룡은 고구마 줄기 몇 개를 몰래 숨겨 푸젠 성에 들여와 심었고, 그렇게 해서 중국에 고구마가 전래되었다고 한다. 때마침 푸젠 성에 기근이 들면서 고구마는 중국에서 구황작물로 자리를 잡았고, 이후 일본으로도 건너갔다. 어떤 이들은 표류민을 통해 고구마가 일본에 전해졌을 거라 추측하기도 한다.

「표해시말」에서처럼 당시 고구마는 감저라 불렸다. 우리나라에서 고구마는 17세기 중엽부터 통신사나 조선에 표류한 일본인 등을 통해 서서히 알려졌다. 그러다가 영조 39년(1763) 조엄(趙曮)이 일본 통신사로 갔다가 돌아오는 길에 쓰시마 섬에서 고구마를 보고, 재배법을 알아낸 다음 그 종자를 몇 말 사서 부산에 실어 보내 심게 하면서 우리나라에 고구마가 정식으로 들어왔다. 고구마를 '조저(趙藷)'라 하기도 했는데, 조엄이 들여왔다 해서 붙여진 이름이다. 조엄의 일본 사행길에 서기로 따라간 김인겸이 지은 기행가사 〈일동장유가(日東壯遊歌)〉에 고구마 종자를 입수한 상황이 그려져 있다.

섬이 토박하여 먹고살기 가난하니

효자토란(孝子芋) 심어 구황한다기에

쌀 석 되 보내 바꿔 먹으니

모양은 하수오요, 그 맛은 극히 좋다.

마 뿌리처럼 무른데 달기는 더 낫도다.

이 씨앗 받아다가 우리나라에 심어두고

가난한 백성들 흉년에 먹게 하면 좋겠거늘…….

고구마란 이름의 기원에는 두 가지 설이 있다. 하나는 쓰시마 섬에서 효자가 이를 길러 부모를 공양했다 하여 '고코이모(孝行芋)'라 부른 데서 그 이름이 비롯됐다는 설이다. 또 하나는 고구마를 처음 들여왔을 때 고금도 땅이 알맞아 그곳에서 많이 길렀기 때문에 '고금마'라 부른 데서 비롯됐다고 하기도 한다.

이후 고구마는 흉년에도 잘 자라서 주로 제주도와 남부 해안 지역에서 경작되기 시작했다. 1766년에는 우리나라 최초의 고구마 전문서인 강필리의 『감저보(甘藷譜)』가 나왔으며, 1813년에는 김장순과 선종한이 『감저신보(甘藷新譜)』를 지었다. 김장순은 남쪽 해안 지방에서 고구마를 먹어보고 구황작물로 적합하다고 판단했다. 이후 김장순은 전라도 보성에서 9년 동안 고구마를 연구한 선종한을 만나 서울에서 시험 재배에 성공하여 고구마 재배가 활성화되는 데 일조했다. 이어 1834년에는 서유구가 『종저보(種藷譜)』를 저술하여 일본과 중국의 서적을 참조해 고구마 재배법을 소개하기도 했다.

다음으로 문순득은 류큐 사람들이 말린 뱀을 먹는다고 했는데, 실제로 오키나와에는 뱀이 많다. 오키나와 사람들은 말린 뱀뿐 아니라 뱀술도 담가 먹는다. 나하 국제거리의 상점에서도 뱀은 자주 눈에 띈다. 크고 작은 술통 속에 휘휘 몸을 감은 뱀들이 똬리를 튼 모습을 볼 수 있는데, 이것이 오키나와의 유명한 뱀술이다. 예전에는 황족만 마셨다는 이 뱀술은 지금은 관광 상품으로도 유명하다. 가죽은 몸에 지니면 재물이 들어온다고 해서 부적이나 지갑을 만든다.

오키나와 사람들은 뱀 꿈을 꾸면 복이 들어온다고 믿는다. 택시 운전사들 중에는 뱀 잡는 도구를 트렁크에 싣고 다니다가 도로에 뱀이 보이면 잡아서 팔기도 한다. 또 뱀을 훈련해서 공연을 하기도 한다. 더운물과 찬물을 넣은 물 풍선을 하나씩 설치하고 조련사가 독사를 유도하면 뱀은 단숨에 독이빨로 더운 물이 담긴 풍선을 터뜨리는데, 관광객들의 호응이 좋다고 한다.

문순득은 이처럼 류큐에 머무르는 8개월 동안 류큐의 언어를 익히는 것을 비롯해 살아가는 모습과 생활환경을 낱낱이 관찰했다. 언제 돌아갈지 기약 없는 상황에서도 왕성한 호기심을 발휘한 것을 보면 그가 얼마나 낙천적이고 적극적인 성격이었는지 짐작할 수 있다. 게다가 먼 나라에서 온 홍어 장사꾼인 그에게 그런 것들은 나중에 고향에 돌아가서 아무 쓸모도 없는 경험이 될지도 모를 일이었지만 그는 개의치 않았다.

그러면 오키나와 사람들에게 200년 전 조선인 표류민 문순득의 경험과 그 기록인「표해시말」은 어떤 의미로 다가올까? 민속학자

스즈키 씨는 이렇게 이야기했다.

"1802년에 그가 본 오키나와의 풍속이 어떤 것은 지금도 남아 있고 어떤 것은 완전히 사라져버렸는데, 그런 것을 확인할 수 있는 기록으로서 「표해시말」의 의미는 굉장히 큽니다. 또 한 가지, 일본 내부에 전해지는 류큐 왕국의 기록에서는 귀족이나 상류층의 생활 외에 평민의 생활은 거의 찾아볼 수 없습니다. 류큐의 민속 기록이나 1800년대의 민중 기록이라고 할 만한 것이 없지요. 그러니 문순득의 기억이 정확하게만 기록돼 있다면 그 가치는 아주 높다고 할 수 있습니다."

한편 「표해시말」을 일본어로 옮긴 히로시마대 다와타 교수는 문순득을 이렇게 평가한다.

"굉장히 재미있다고 할까요, 매력적인 사람이죠. 글도 모르는 사람이 표류해서 본 여러 가지를 기억해서 기록으로 남겼으니, 그만큼 기억력이나 관찰력이 뛰어난 사람이라고 할 수 있습니다. 글을 모르는 사람이 어떻게 3년간이나 표류하면서 그 많은 것을 기억할 수 있을까 의문이 들 수도 있지만, 대개 글을 모르는 사람이 오히려 기억력이 좋습니다. 보통 사람들은 메모만 해두면 안심하고 잊어버리지만 그럴 수 없으니 기억력이 발달하는 거죠. 하지만 무엇보다 놀라운 것은 주민들과 격리된 표류민 신분으로 류큐 사람들의 일상 속으로 그렇게 깊이 들어갈 수 있었다는 점입니다. 그가 이야기한 류큐 사람들의 생활이나 의복, 음식에 대한 기록들은 민속학적으로도 의미가 큽니다. 그리고 류큐의 장례식은 가족이나 가까운 친지

들끼리만 지내는 것이 일반적입니다. 그런데 그것을 보고 무덤도 보고, 그 속까지도 봤다는 것은 실로 믿기지 않는 일입니다. 게다가 오키나와의 전통 장례식 기록으로는 문순득의 「표해시말」이 가장 오래된 자료일 것입니다."

이 외에도 문순득이 본 200년 전의 류큐 기록에는 다른 기록에서는 찾아볼 수 없는 특별함이 있다. 무엇보다 한글로 기록되었다는 점이 중요하다. 한글은 자음과 모음이 따로 있기 때문에 좀 더 자세하게 당시의 말을 연구할 수 있다. 또 「표해시말」의 내용은 학자나 상류층의 신분이 아닌 평범한 장사꾼이 경험하고 관찰한 것이므로 민중적인 성향이 짙다는 점도 의미가 크다. 1800년 전후는 서양인이 동쪽으로 진출하기 시작한 시기이므로 오키나와에도 서양인들이 들어와서 남긴 기록이나 보고서가 많은데, 그들은 어디까지나 무기를 지니고 온 강자의 입장이었다. 따라서 그들이 남긴 기록 역시 강자의 시선으로 제한될 수밖에 없었다. 그리고 그 서양인들은 오키나와의 평범한 사람들과는 접촉하지 않았다. 그에 반해 문순득은 무기는커녕 모든 것을 잃고 흘러들어온 표류민이었다. 그런 약자의 시선으로 그는 순수한 이방인 관찰자가 되어 우리나라에는 물론이고 일본에도 소중한 역사 기록을 남긴 주인공이 되었다.

6

또다시 표류하다
– 아무도 모르는 나라

류큐 조공선을 타고 푸젠 성으로

류큐는 조선인 표류민을 대개 조공선 편에 태워서 송환했다. 오키나와에 가면 당시의 조공선을 복원해놓은 것을 볼 수 있는데, 길이 31미터, 폭 8미터, 총 중량 110톤의 대형 배다. 문순득도 이와 비슷한 형태의 조공선을 탔을 것이다.

1802년 10월 7일

배를 띄워 대국을 향해 배 세 척이 동시에 출발했다. 두 척에는 유구에서 대국으로 가는 관원을 태우고, 한 척에는 우리나라 사람 6인과 복건성 천진부(川津府, 톈진) 동안현(同安縣) 출신으로 바람을 만나 조난한 32인, 유구인 60인을 태웠다. 배는 백촌(나하)에서 400리 거리인 섬에 이르러 10일을 머물렀다. 유구인은 이곳에 오면 산에 기도하며 오래 머물기 때문에 배가 떠나지 못했다.

1726년 류큐에 표류한 김일남, 부차웅 일행도 조공선을 타고 중국을 거쳐서 조선으로 돌아왔다. 문순득 일행보다 70여 년 전이었지만 똑같이 푸젠 성으로 가는 항로였으니 그 풍경은 비슷했을 것이다. 김일남, 부차웅은 류큐 조공선을 탔을 때를 이렇게 회상했다.

그해 11월 9일에 조공하는 사신 편에 중국으로 향했다. 어두운 밤에 배 아래 창고 속에 갇혀 있다가 큰 바다로 나간 뒤에야 문을 열어줘 나올 수 있었다. 그 나라가 바다 가운데 있는 작은 섬이어서 남이 둘레의 크기를 살피고 그 강하고 약한 것을 엿볼까 꺼린 것이다. 뱃머리에는 비단 깃발을 세웠는데, '류큐국 중산왕 조공선'이라고 썼다. 따르는 군사는 모두 뽕나무 활과 가죽 활시위, 나무 화살을 지니고 있었다. 이틀을 가서 섬 둘을 지났다. 모두 너비가 40~50리쯤이었다. 배가 큰 바다로 나가자 바람이 부는 방향을 따지지 않고 오로지 지남철로 서북쪽을 향해 돛을 걸었다. 바람이 드세고 풍랑이 거세지면 사방을 널빤지로 밀쳐 물을 막고 사람은 창고 안으로 들어갔다. 배는 파도 속으로 능히 드나들 수 있었고, 물에 잠길 염려가 없었다. 밤낮으로 바다 가운데 있다가 1월 27일에 복건 성 천해진(天海鎭)에 다다랐다.

'류큐국 중산왕 조공선'이라고 쓴 깃발을 내걸고 호송선의 호위를 받으면서 푸젠 성을 향해 나아가는 웅장한 류큐 배. 아마 조선의 표류민들은 그렇게 큰 배는 처음 타보았을 것이다. 타보기는커녕 난생처음 보았을지도 모른다. 그렇게 큰 배를 탔으니 이것저것 두루 살피면서 실컷 구경이라도 하고 싶었을 텐데, 류큐인들은 그들을 창고에 가두어버렸다. 이에 김일남, 부차웅 일행은 그들이 자기네 나라가 바다 가운데 있는 작은 섬이어서 남이 염탐할까 봐 꺼린 것이라고 생각했지만, 류큐인들의 속내는 그것이 아니었다. 류큐국의 일본 복속 사실을 조선 표류민들이 눈치 채지 못하게 하기 위해서였다. 문순득 일행도 푸젠 성으로 가는 조공선에서 감시를 받았을 것이다.

문순득은 그런 와중에도 류큐 조공선의 구조와 형태를 꼼꼼하게 관찰했다. 섬에서 나서 뱃사람으로 잔뼈가 굵었고, 평생 배를 타고 바닷길을 누비면서 장사를 생업으로 삼아야 하는 처지에서 늘 안타까운 것이 조선의 낡고 불편한 배였다. 특히 변방의 작은 섬에서 어부나 장사치들이 부리는 배는 더욱 형편없었다. 특별한 기술로 정교하게 배를 만드는 장인이 있는 것도 아니어서, 저마다 나무를 쪼개어 잇대고 짚으로 새끼를 꼬아 닻을 내리는 식이었으니 모양새나 기능이나 모두 볼품없는 배였다.

따라서 문순득에게 이 여정은 선진 기술을 익힐 절호의 기회였다. 류큐 호송선을 빠짐없이 두루 살펴보고, 좋은 기술이 있으면 기억해두었다가 응용해서 지금보다 훨씬 편리하고 실용적인 배를 만들 수 있지 않겠는가. 문순득은 감시의 눈길 속에서도 돛과 닻과 가롱(배의 양쪽 외판을 지탱하기 위해 가로로 끼우는 널빤지)을 놓는 법과 취사실 위치 등 어디 한 군데 소홀함 없이 류큐국 배를 관찰했다.

유구의 작은 배는 뱃머리는 극히 좁고 고물은 허리와 같은 넓이다. 선체의 위와 좌우의 바깥에 각판(閣板)을 붙여 물에 뜨기 쉽게 했다. 각판 위에 뱃전을 붙이고 허리에 돛대 하나를 세워, 돛이 무명베로 활터에 세운 과녁판처럼 쳐진다. 키는 고물에 뱃바닥을 향해 넣고 가로로 큰 나무를 키의 기둥에 꽂는다. 키의 길이는 배의 허리에 이르고 키잡이는 배의 중간에 뒤를 향하고 앉아 키를 잡는데, 가는 것이 매우 경쾌하다. 큰 배는 바닥은 하나의 판을 쓰되 좌우에 판을 붙이고 앞판의 높이는 3장을 웃돌며 넓이는 4~5장, 길이는 수십 장이다. 앞은 좁고 뒤는 넓다. 가롱은 모두 두꺼운 널빤지로 벽을 만들고 뱃전 바깥에서 쇠못으로 고정한다. 가운데는 뜸집을 만든다. 집의 좌우에 널빤지를 세워 구멍을 통해 파도가 드나들게 한다. 옥상에도 뜸집을 만들고 뱃머리에 큰 다리를 만들어 다리 위에 깃발을 꽂아 지휘하면 키잡이가 그것을 보고 키를 잡는다. 키는 바로 세워 동아줄로 묶고 배 밑바닥에서 뱃머리와 묶어 밖으로 기우는 것을 막는다. 키를 잡는 망루는 2층으로 지어 아래는 6명이 키를 잡고 있고 위에는 2명이 앉아 나침반을 확인한다. 돛대 2개를 세우는데 가롱에 설치하여 돛대가 배 밑바닥에 붙지 않게 한다. 돛의 좌우에 또 베돛이 있어 이를 돕는다. 나뭇잎 돛의 위에는 3~4장 길이의 여유가 있어 바람이 적으면 나머지 돛대에 베돛을 펼친다. 고물 좌우에는 작은 돛대 2개가 있어 베돛을 펼쳐 힘을 보탠다. 배의 허리 좌우에 큰 널문을 만들어 배가 갈 때는 물 긷는 배를 끌어올려 넣어둔다.

김일남, 부차웅 일행은 나하에서 조공선을 탄 뒤 푸젠 성에 도착하기까지 두 달 넘게 걸렸다. 도중에 풍랑이 거세지기도 했지만 그 정도는 감당할 만했다. 이제 베이징으로 가서 조선의 사신을 만나 고향으로 돌아갈 일만 남지 않았는가. 그런데 문순득은 그들처럼 푸젠 성에 가지 못했다. 나하에서 출발한 것이 10월 7일이고, 그 열 흘 뒤 한 섬에 잠깐 정박했다가 다시 배를 움직인 것이 10월 17일이 었다. 그런데 갑자기 서쪽에서 일어난 바람이 그들의 앞길을 가로 막았다.

흑산도 앞바다에서 서북풍을 만나 열하루를 망망대해에서 떠돌 다가 류큐에 표류해 간신히 살아난 기억이 엊그제 같은데 또 그런 재난을 겪다니, 이제 살아서 고향에 돌아갈 수 있다는 희망이 점점 사라져갔다. 배는 그렇게 꼬박 10여 일을 어디로 가는지도 모르는 채 흘러 다녔다. 그렇게 크고 튼튼한 배도 갑자기 일어난 큰바람 앞 에서는 맥을 추지 못했다. 그저 바람 부는 대로 떠다니는 표주박 신 세였다.

그러다가 다시 동풍을 만났다. 서쪽으로 열흘 넘게 흘러가다가 이제는 그 반대 방향으로 떠밀리는 조공선과 호송선. 그 배 세 척은 모두 무사했을까? 이 표류 사건은 타이완대학 중앙연구원 류쉬펑 (劉序楓) 박사의 논문「청대 해난 사건 연구」에도 실려 있다.

1802년 정월 조선인 문순득 등 6명이 바람을 만나 류큐에 표류했 다. 류큐에서 구조된 후 같은 해 10월, 그들은 류큐에 표류한 중국 난민 32명과 함께 류큐국 호송선을 타고 푸젠 성 푸저우를 향해 나 하에서 출발했다. 류큐 조공선 두 척이 그 뒤를 따랐는데 중도에 동 북풍을 만났다. 배 세 척이 각각 표류하여 흩어졌는데, 1호 조공품 을 실은 배는 표류하다 없어졌고 2호 조공품을 실은 배는 11월 12

일에 타이완의 담수 해안에서 파도에 부딪혀 산산조각 났으며, 조공품과 화물은 모두 바다에 가라앉아버렸다.

타이완에서 그 생존자들을 맞아 보고를 들은 총독 옥덕(玉德)은 민첩하게 푸젠 성을 순찰한 후 조정에 보고했다. 그리고 1803년 1월 29일, 이들에게 상을 주고 연안을 순찰해서 남은 배를 추적했다. 동시에 류큐 국왕에게도 이에 대해 공문을 보냈다. 그해 2월에 옥덕 등은 류큐 표류민들과 함께 푸저우에 도착했다. 2월 4일에 류큐국 조공선을 돌려보냈으며, 아직 찾아내지 못한 배 한 척을 찾아내도록 연해를 꼼꼼하게 사찰하라고 했다.

이렇듯 타이완에 표류한 류큐인들은 배는 잃었지만 총독의 도움으로 푸젠 성까지 갔다가 무사히 고국으로 돌아갈 수 있었다. 문순득 등 조선 표류민 6명에 대한 언급은 없다. 그들도 류큐인들처럼 타이완에 표류했더라면 고생은 그것으로 끝났을 테고, 훨씬 빨리 고향으로 돌아갈 수 있었을 텐데. 푸젠 성에서 류큐 조공선을 돌려보낸 것이 1803년 2월이었으니, 문순득 일행도 그때 돌아왔다면「표해시말」의 여정보다 1년은 일찍 우이도로 귀환할 수 있었을 것이다.

그러면 문순득 일행은 어디로 간 것일까? 류쉬펑 박사는 '난민 호송선은 표류하다가 11월 1일 필리핀에 이르렀다'라고 기록했다. 조선 표류민들과 푸젠 성 난민들을 태운 류큐의 난민 호송선은 열나흘 동안 바다에서 떠돌다가 필리핀으로 간 것이다. 그래도 배가 난파당한 채 타이완으로 표착한 사람들보다는 나았다. 그들이 타이완에서 발견된 것은 11월 12일이었으니, 거의 25일간 바다에서 생사를 건 투쟁을 했다. 해상무역으로 동중국해를 누비며 살아온 류큐 사람들이었지만 성난 바다 앞에서는 속수무책이었다.

여하튼 문순득 일행은 보통 사람들은 평생 한 번 경험할까 말까 한 고생을 1년에 두 번이나 겪어야 했다. 흑산도 앞에서 바람을 만나 류큐로 표류를 시작한 것이 1월 18일이었는데, 푸젠 성으로 가는 류큐선을 탔다가 또다시 표류한 것이 10월 17일이었으니 말이다. 게다가 이번에는 더 많은 날을 바다에서 헤맸으니 바다라면 이제 몸서리가 쳐질 정도였다. 그래도 문순득은 바다가 원망스럽긴 해도 바다를 외면할 수는 없었다. 조상 대대로 바다를 삶의 터전으로 살아왔고 스물다섯 해 동안 자신을 키워주고 살아갈 방편을 마련해준 것도 바다였으니, 바다는 그의 살이요 피였다.

아무도 모르는 나라, 여송

1802년 11월 1일

여송 서남마의(西南馬宜) 지방에 도착해 닻을 내렸다. 유구인, 중국인 15명이 물을 길으러 육지에 올라가서 다음 날 아침 돌아왔는데, 6명이 없어져서 물으니 본국인에게 잡혀갔다고 했다. 여송의 동북에는 다섯 섬이 있어 배로 13일을 가니 보였는데, 풍속을 알지 못해 감히 다가가지 못했다.

문순득 일행을 실은 난민 호송선은 다행히 난파당하지 않은 채 흘러가다가 '여송'이라는 나라의 '서남마의' 지방에 도착했다. 그런데 그곳에서 물을 긷기 위해 뭍에 올랐다가 동료 6명이 그 나라 사람들에게 잡혀갔다는 얘길 듣고 황급히 도망친다. 그다음에 다른 섬을 발견했지만, 또다시 무슨 재난을 당할까 봐 가까이 가보지도 못한 채 바다 위에 머무른다.

이때 섬에 물을 길으러 갔다가 화를 당한 정황을 좀더 자세하게 알 수 있는 기록이 있다. 바로 이해응(李海應)의 『계산기정(薊山紀程)』인데, 이해응은 베이징에 사신으로 간 친구를 따라갔다가 그곳에서 문순득 일행을 만나 그때의 이야기를 들었다.

표류민들은 이렇게 설명했다.

"(1802년) 10월 초에 이르러 그들(류큐국)의 연경 조공사(朝貢使)를 따라서 배를 출발시켰습니다. 그러나 10여 일 만에 또 바람을 만나 표류하게 되었고 조공사의 배 두 척은 갑자기 어디로 갔는지 보이지 않았습니다. 바닷물에 이리 밀리고 저리 밀리고 하던 끝에 어딘가에 정박을 하게 되었습니다. 그런데 바닷가에 흰옷 입은 사람이 있다가 멀리서 바라보더니 곧 저희에게 달려왔습니다. 배에 같이 탄 사람들은 모두 '이제야 살 길이 생겼구나!' 말하고는 그를 따라간 자가 많았습니다. 그런데 한밤중에 어떤 사람이 황급하게 돌아와 울면서 말하기를 '우리 태반이 그들에게 피해를 당했습니다. 그래서 나는 도망해 왔습니다'라기에, 그와 함께 서둘러 배를 옮겨 바다 가운데에 닻을 내리고는 정박할 곳을 찾지 못했습니다."

그들은 육지에서 흰옷 입은 사람이 달려와 반겨주니 자신들에게 마실 것, 먹을 것을 내주려는 것으로 믿었으리라. 그래서 아무런 의심 없이 그들을 따라나섰다. 그랬는데 그들에게 화를 입었다. 표류민들을 도와줄 것처럼 속였다가 방심한 사이에 해코지를 한 것이다. 아마 류큐국의 큰 배인 데다 배를 탄 사람의 숫자도 많아서 빼앗을 물건이 많다고 여겼나 보다. 그들이 여송 서남마의 지방의 주민들인지, 아니면 뱃사람들을 대상으로 노략질을 일삼던 해적 무리였는지는 알 수 없다.

문순득 일행은 한밤중에 그 소식을 듣고 황망히 도망쳤다. 바다의 파도와 바람만 무서운 게 아니었다. 사람이 더 무서웠다. 또다시 열사흘을 더 망망대해에서 헤맨다.

이렇게 문순득이 표류했다는 나라 여송, 즉 필리핀은 수많은 섬으로 이루어진 나라다. 크게는 루손 섬과 비사야제도, 민다나오 섬의 세 지역으로 나눈다. 여송이라는 나라는 조선에는 전혀 알려지지 않았지만 중국이나 일본, 류큐국에는 잘 알려져 있었다. 필리핀 제도를 정복한 에스파냐는 일본의 도요토미 히데요시에게 특사를 파견해 화평을 청한 적도 있었다. 전국을 통일한 도요토미는 한반도를 거쳐 중국, 필리핀, 인도까지 정복하려고 했다. 중국 청조 또한 백성들의 해외 도항과 무역을 허가하고, 푸젠 성의 샤먼, 광둥 성의 광저우, 저장 성의 닝보와 장쑤 성의 상하이 등에 해관을 설치해 해외무역을 장려했다.

주변의 열강이 이처럼 세력 다툼을 하고 활발한 교역 활동을 하면서 세계로 뻗어나가는 사이, 조선은 어디에 무슨 나라가 있는지도 모르는 채 세상의 흐름과는 동떨어져 있었다. 문순득은 이렇듯 조선에서는 아무도 모르던 나라인 필리핀의 루손 지역에 표류했다. 그러면 문순득 일행이 뭍에 올랐다 그곳 사람들에게 해코지를 당한 여송 서남마의 지방은 어디일까? 처음에는 서남마의를 여송 서남쪽의 마의 지방으로 해석하는 바람에 필리핀 루손 지역 서남쪽 어딘가의 마의 지방을 찾아보느라 적지 않은 시간을 허비했다.

그러다가 다시 확인해보니 서남마의는 '셔람마기'라는 지명의 한자음이었다. 「표해시말」의 부록이라 할 수 있는 '류큐, 여송 언어 사전'을 먼저 찾아보지 않은 데서 생긴 실수였다. 문순득이 셔람마기라는 지명을 기억해서 말했고 정약전이 한자에서 그 음을 따다가 적었을 것이다.

우리가 그 여송 언어들을 꼼꼼히 살펴보지 않은 건 어쩌면 '문순득이 배워 왔다는 류큐, 필리핀 언어가 얼마나 정확했을까?' 하는 못미더움 때문이었는지 모른다. 나중에 오키나와를 취재할 때 옛 류큐 언어가 문순득이 기억한 대로 딱딱 들어맞을 때에야 비로소 우리가 문순득의 지혜와 식견을 그다지 존중하지 않고 있었음을 알았다. 아니, 은근히 무시하고 있었다. 그것은 아마 우리의 편견이었으리라. 신분이 낮은 사람, 못 배운 사람에 대한 편견.

문순득은 필리핀 언어도 역시 남다른 감각으로 재빠르게 익혔다. 문순득이 표류했을 당시 필리핀은 에스파냐 통치가 시작된 지 230여 년이 지난 뒤였기 때문에 그들의 언어 속에는 이미 에스파냐풍이 많이 스며들어 있었을 것이다. 필리핀어에 에스파냐어가 섞인 복잡한 말을 익히기란 아마 류큐어보다 훨씬 어려웠을 것이다. 그럼에도 문순득은 타고난 언어 감각으로 그들의 언어를 습득했다. 그렇게 익힌 여송 언어 중에 문순득의 필리핀 상륙 지점을 유추할 만한 지명들이 있는데, 바로 '서남마의'와 '일로미(一咾尾)'다.

1802년 11월 12일
배를 타고 남쪽으로 하루를 가서 한 곳에 닿았는데, 그 지명은 알지 못한다. 5일을 머무르고 물을 긷고 옷을 빨았다. 하루를 가서 일로미에 닿았다. 일로미에는 복건 사람 수십 호가 살고 있었다.

푸젠 성으로 가던 도중 바람을 만나 떠밀리던 문순득 일행은 열나흘을 바다에서 헤매다가 여송 서남마의 지방에 상륙했고, 그곳에서 황급히 도망쳐 다시 배를 타고 열사흘을 더 헤매다 동북의 다섯 섬을 찾아냈지만 또 재난을 당할까 두려워서 감히 가까이 가보지도 못했다. 그러다가 하루를 더 가서 어딘지 모르는 곳에 닿는다. 그곳에서 물을 긷고 옷을 빨아 닷새를 머물면서 한숨을 돌린다. 그리고 다시 배를 타고 하루를 더 가서 일로미에 닿았는데, 그 일로미에는 중국인 수십 호가 살고 있었다.

「표해시말」의 여송 언어편에 따르면 서남마의는 '셔람마기'고 일로미는 '일노꼬'다. 특히 문순득의 상륙 지점을 추적하는 데는 일노꼬에 푸젠 성 출신 사람이 많이 살고 있었다는 부분이 도움이 됐다.

일찍이 중국 사람들이 필리핀에 진출해서 터를 잡은 지역이 필리핀 북쪽 일로코스 지방이었기 때문이다. 문순득이 말하는 '일노꼬'는 일로코스, 즉 필리핀 루손 섬의 북쪽 지역이었다.

청의 해금정책이 폐기되고 해외무역이 장려되면서 중국 사람들은 타이, 인도네시아, 말레이시아, 필리핀까지 진출했다. 그리고 필리핀에서는 일로코스 지역을 통해 수도인 마닐라까지 진출했다. 문순득의 기록에서도 이를 확인할 수 있다.

> 말리라(마닐라)는 여송의 지명으로 일로미와는 사흘 노정으로, 복건인 3천 호가 산다고 했다.

또 하나의 결정적 단서는 문순득이 필리핀에 표류해 곳곳을 구경하면서 보고 들은 것들 중에 있었다. 문순득이 어떤 성당(「표해시말」에는 신을 모시는 대중을 대접하는 곳으로 신묘(神廟)라 했다)에 갔는데, 그 성당 종탑에 닭이 있어 바람의 방향을 따라 돌고 있었다는 것이다. 이를 근거로 우리는 문순득이 필리핀에 표류한 1802년 이전에 지어졌고, 그 종탑 꼭대기에 닭의 형상이 있는 성당이 일로코스에 있는지 알아보기로 했다.

먼저 일로코스의 비간 시에 공문을 띄웠다. 비간은 유네스코 세계 문화유산으로 지정돼 있을 정도로 유서 깊은 도시다. 일로코스 지역은 다시 남부(일로코스수르 주)와 북부(일로코스노르테 주)로 나뉘는데, 비간은 일로코스수르의 주도다. 에스파냐 식민지 시절 해외무역의 중심지였으며 중국과 아라비아 상인들이 활발하게 드나들던 곳이기도 하다. 게다가 아직 에스파냐 점령 시절의 유적지가 그대로 남아 있고, 그들이 지은 오래된 성당들이 역사를 자랑하고 있다.

비간 시에 문의한 결과, 드디어 문순득의 행로를 찾아낼 수 있었다. 비간 시 외곽에 셔람마기와 비슷한 이름의 항구가 있고, 그곳으로 예전에는 외국 배가 많이 드나들었다는 것이다. 또 종탑 꼭대기에 닭이 있는 성당도 있었다. 일로코스 지역의 오래된 성당 중에 종탑 꼭대기에 닭 모형이 있는 성당은 한 군데뿐이라고 했다.

정복자들이 지어준 이름, 필리핀

비간을 찾아가는 길은 멀었다. 마닐라까지 비행기를 타고 네 시간을 간 다음 다시 라오아그로 가는 국내선으로 갈아타야 한다. 그 다음 차로 두어 시간을 달려야 비간이라는 도시가 나온다. 대중교통을 이용하면 훨씬 오래 걸린다고 한다. 또 마닐라공항에서 라오아그를 거치지 않고 비간으로 바로 가려면 여섯 시간가량 버스를 타야 한다.

비간에 가면 잠깐 현실 세계를 떠난 듯한 느낌이 든다. 거리에는 마차(칼레사)가 다니고, 건축물은 온통 서양식이다. 중세풍 서양 영화의 한 장면 속에 들어온 듯한 착각에 빠진다. 그도 그럴 것이 비간

▶ 칼레사를 타고 돌아보는 비간의 전통 마을

은 에스파냐의 대표적 식민 건축 양식을 간직한 가장 오래된 에스파냐 식민지 마을이라고 한다.

필리핀에는 기원전 1500년과 기원전 500년 사이 인도차이나 지역에서 청동기 문명이 흘러들어왔고, 기원전 500년에서 기원후 1500년에 걸쳐서는 말레이인이 건너와 물소를 써서 농사를 짓기 시작했다. 이처럼 여러 형태의 집단이 다양한 문화를 이뤄나가는데, 1300년대에 이슬람교의 물결이 상륙하면서 빠르게 그 세를 확장해 나갔다.

한편 세계를 향해 정복 야욕을 키우던 에스파냐는 필리핀을 식민지화하기 위한 전략을 세우고 있었다. 향료 무역과 중국, 일본으로 진출하기 위한 거점으로서 필리핀은 에스파냐에 꼭 필요한 곳이었다. 포르투갈 출신의 에스파냐 항해가 마젤란은 1521년에 필리핀 세부 섬에 속하는 막탄 섬에 도착했다. 그는 총을 앞세워 원주민들을 빠른 속도로 복속시켰으나, 라푸라푸라는 추장에게 죽임을 당했다. 필리핀 사람들은 지금도 라푸라푸를 국민의 영웅으로 추앙한다.

그러나 필리핀의 슬픈 운명은 마젤란의 죽음으로 마무리되지 않았다. 곧이어 에스파냐 사람들이 섬들을 점령하기 시작했다. 1543년, 사마르 섬이 정복되면서 정복자들은 당시 에스파냐 황태자인 펠리페 2세의 이름을 따서 그 섬에 '펠리피나스'라는 이름을 붙였다. 그것이 필리핀으로 바뀐 것이다. 그러니까 필리핀이라는 이름은 에스파냐 정복자들이 지어준 셈이 된다.

이후 필리핀은 370여 년에 걸쳐 에스파냐의 통치를 받아야 했다. 에스파냐는 각지에 성당을 지어 올리면서 가톨릭을 전파하고 원주민들의 값싼 노동력으로 부를 쌓았다. 필리핀 젊은이들은 독립과 자유를 위해 분연히 떨치고 일어섰다. 그 선봉에 선 사람이 호세 리살이다. 리살은 비폭력 운동가였다. 그러나 에스파냐 당국은 그를 총살했고, 필리핀 민중은 봉기를 일으켰다. 무력 투쟁이 확산돼갔지만 이번에는 미국이 필리핀을 가만두지 않았다. 미국과 에스파냐 사이에 전쟁이 일어났고, 이 전쟁에서 패한 에스파냐는 1898년에 강화조약이라는 명목 아래 필리핀을 미국에 팔아넘겼다.

그해 6월, 혁명군의 선두에 섰던 에밀리오 아기날도 장군이 독립을 선포하고 대통령에 취임했다. 그러나 미국은 필리핀에 대규모의 병력을 파견했고, 필리핀은 미군정의 지배하에 들어갔다. 반미 운동이 전개된 끝에 1934년 미국 연방의회는 필리핀의 자치권을 승인했다. 이듬해 필리핀공화국이 탄생하고 케손 초대 대통령이 취임했지만, 완전한 독립은 아니었다.

　제2차 세계대전이 발발했고 1942년 봄에 이번에는 일본군이 필리핀을 침략했다. 일본의 침략으로 초토화된 필리핀은 1946년 7월 4일에야 비로소 정식 독립국가가 되었다. 1521년 에스파냐 마젤란에 의해 발견됨으로써 사실상 식민지로서 역사가 시작된 이래 420여 년 만의 일이었다.

세상 어떤 곳과도 같지 않은 도시

　비간은 우리나라에는 아직 잘 알려지지 않은 도시다. 1572년에 건설된 비간은 한때 상업과 무역이 번성한 에스파냐의 대표적인 식민지 계획도시로, 건축 양식에 필리핀은 물론 중국과 유럽의 다양한 문화 요소가 반영되어 있다. 언뜻 보면 서양의 오래된 거리 어딘가를 옮겨다놓은 듯하지만 좀더 꼼꼼히 들여다보면 동양적이고 독특한 분위기다. 그래서 사람들은 종종 비간을 '어떤 곳과도 같지 않은 곳'이라 하기도 한다.

　비간 사람들은 선량한 웃음을 지녔다. 친화력이 대단하고 꾸밈없는 모습이 수백 년 동안 외세의 침탈과 식민 통치에 시달려온 사람들 같지가 않다. 아마 문순득이 이곳에서 여덟 달 가까이 타국 생활을 견뎌낼 수 있었던 것도 이 지역 사람들의 이런 성품에 힘입은 바도 있지 않았을까.

▶ 문순득이 필리핀에서 최초로 상륙한 샤루마귀 항구

그러나 영화(榮華)와 권세의 역사는 세월을 견뎌주지 않는다. 언제까지나 변함없이 번성을 구가할 것 같은 장소도 세월 앞에서는 무력하다. 셔람마기, 더 정확한 발음은 샤루마귀인 항구도 마찬가지였다. 문순득이 탄 류큐 조공선이 이곳에 닿은 200년 전만 해도 이곳은 외국의 무역선이 드나들던 국제 항구였다. 그러나 지금은 지난 역사를 기념하는 비석과 작고 낡은 화물선 몇 척, 나른한 오후를 보내는 마을 사람들이 만들어내는 한가한 마을 풍경으로만 남아있다.

문순득 일행의 배는 아마 이 마을 근처의 해변에 닻을 내렸을 것이다. 그러나 그곳의 '흰옷 입은 사람'에게 속아 동료 6명이 해코지를 당하고 황급하게 도망쳤다. 그런데 지금 샤루마귀항 마을 사람들을 보니, 결코 남을 속이거나 해코지할 사람들 같지 않았다. 저 순박하고 선량한 얼굴 어디에 그런 사악함이 숨어 있다는 말인가.

문순득의 동료를 해친 사람들은 저들의 선조가 아니라 다른 데서 온 이방인이나 해적이었을 거라 믿고 싶었다.

필리핀의 날씨는 짓궂었다. 뙤약볕이 쏟아지다가도 금세 세찬 빗줄기가 시야를 가로막았다. 샤루마귀항에서는 햇볕이 뜨겁더니 남중국해를 바라보는 비간의 해변에 도착하자 비바람이 몰아치고 있었다. 누렇게 뒤집힌 채 밀려드는 산 같은 파도. 문순득 일행이 샤루마귀 해변에서 도망쳐 십수일 망망대해를 떠돌다 이 비간 해변에 도착했을 때도 바다는 저런 모습이었을까.

비간 해변은 예전 에스파냐 시대 필리핀과 중국을 오가는 무역선들이 드나들던 해로였다. 옛 항구의 영화는 사라졌지만, 그 항구의 상징으로 바닷길을 안내하던 보재도르(부르고스) 등대는 아직 남아 있다. 이 등대는 아시아에서 가장 크고 오래된 등대라고 한다. 지금도 밤에 어선들에게 신호를 보내는 역할을 한다. 문순득 일행이 비간에 왔을 때 첫발을 디딘 지점은 아마 이 해변이었을 것이다. 그 배에는 중국인들이 많이 동승하고 있었고, 중국은 일찍이 해상무역 활동이 활발했기 때문에 류큐와 필리핀으로 오가는 남중국해의 바닷길에 익숙했을 것이다.

문순득은 비간의 중국인 마을에 의탁했다고 했는데, 비간의 중국인들은 도자기를 구워 서양으로 수출했다. 지금도 그 전통을 이어받아 옛날 방식으로 도자기를 굽는 공방이 있는데, 이들이 구워내는 항아리는 당시 유명한 수출품이었을 만큼 아직도 명성이 자자하다. '벌나이(Burnay)'라는 이 항아리는 요즘은 주로 비간 지방의 과

일 농축액을 발효하고 저장하는 데 쓰인다.

비간의 역사학자 안토니오 플로렌티노 씨를 만나, 문순득이 당시 머물렀다는 중국인의 집이 어디쯤일지를 물었다.

"당시 중국인들은 한 지역에 모여 살았는데 그곳에 머물렀을 가능성이 높습니다. 오늘날 크리솔로고 거리라고 불리는 그 지역은 에스파냐 식민 시대에 상업 지역이었지요. 그리고 한국에서 온 문순득은 동료 외국인들인 중국인들과 주로 어울렸을 겁니다. 당시 중국인들이 특히 많이 모인 지역을 '중국인 거리'라고 불렀습니다."

그러니까 문순득 일행은 비간 현지의 중국인 마을인 크리솔로고 거리에 살았을 가능성이 높다. 이 지역에서 특히 중국인이 많이 모여 살았다는 중국인 거리는 크리솔로고 거리의 작은 골목을 말한다. 좁은 골목에 들어선 식민지 시대 주택의 모습은 필리핀 전체에서도 유일하게 원형이 보존된 곳이라고 한다.

그러면 200여 년 전 문순득이 표류했을 때의 비간에서는 어떤 일들이 벌어지고 있었을까?

"18세기에 비간은 이미 기독교 신앙의 중심지가 되었습니다. 그래서 대성당이 건설되었고, 선교사들은 이곳에서 훈련을 받고 필리핀 전역으로 선교 활동을 떠났습니다. 또 비간은 교육의 중심지였기 때문에 북부 지역의 모든 사람이 공부를 하기 위해 비간으로 몰려들었지요. 고산지대 사람들도 재배한 작물을 팔고 소금, 콩, 중국 도자기 등을 사려고 이곳으로 왔고요. 중국인들은 이미 이 지역에 정착해 있었습니다. 그들은 중국산 제품을 팔았는데, 비간 현지의 상품들과 함께 배에 실어 멕시코로 가져갔습니다. 돌아올 때는 은을 비롯해 유럽의 산물들을 싣고 돌아왔지요. 한편 유럽의 사제들도 선교 활동을 위해 필리핀으로 왔습니다. 한마디로 비간은 매우 붐비는 교역 지역이었습니다."

작은아버지와 헤어지다

(…) 일로미에는 복건 사람 수십 호가 살고 있었다. 우리와 함께 간 복건성 출신 표류민들은 유구인들에게 박해를 받아왔다. 그런데 일로미에 도착하자 그들은 일로미에 사는 복건인들에게 의탁하여 살았다. 집을 빌려 따로 살기도 하고 돈을 빌려서 먹을 것을 마음대로 구하기도 했다. 그리고 우리 일행을 불러다 같이 살았다. 이것은 모두 유구인에게 빚을 떠넘기려는 계책인 듯싶었다. 복건인들은 유구인들에게 여송이 난민을 후대하기 때문에 자기들이 여송의 복건인들에게 빌려다 쓰는 비용을 나중에 여송이 다 갚아줄 거라 했다.

유구인들은 복건인들의 말을 처음에는 믿는 듯했으나 나중에 그게 아니었음을 깨달았다. 그래서 복건인들을 막으려 했지만 복건인들이 여송의 도움을 받고 있어서 실행에 옮길 수는 없었다. 결국 여송에 있는 복건인들은 정말로 유구인에게서 은전 600냥을 징수했다.

중국 표류민과 류큐 표류민 사이에 끼어 이러지도 저러지도 못하는 문순득 일행의 신세가 가엾다. 류큐에서와는 달리 조선의 표류민 문순득 일행은 필리핀 당국에서 직접적인 도움을 받지 못한 채 중국인들에게 의지해서 살아야 했다. 도움은커녕 필리핀에서는 그들을 따로 불러다 조사하지도 않았다.

그랬으니 류큐에서처럼 따로 지낼 곳을 마련해주고 먹을 것도 내준다거나 하는 건 기대할 수 없었다. 그야말로 반기는 곳 하나 없고 의지할 데도 없는, 언제 조선 땅으로 돌아갈 수 있을지 기약도 없는 난민 신세였던 것이다. 그런데 그럭저럭 여송 생활에도 틀이 잡혀갈 무렵 문순득은 낯선 나라에서 작은아버지와 헤어지는 슬픔을 겪게 된다.

여송에 표류한 지 석 달여가 흘렀다. 조선 사람 처지에서 여송의 복건인들에 의지해 서살아가기란 쉽지 않았다. 그러나 제주에서 유구로, 다시 복건성으로 가는 도중 대만쯤에서 또 바람을 만나 여송으로 오기까지 바닷길을 떠돌면서 죽다 살아난 일들을 떠올리면, 그렇게라도 살아 있다는 건 하늘의 보살핌이 아닌가 여겨지기도 했다.

이제 여송 생활도 틀이 잡혀가는 듯했다. 시간을 기다려 순풍이 불면 배를 타고 광동성(광둥 성)으로 갔다가 다시 북경까지 가서 조선의 고향으로 돌아갈 수 있을 것이다. 여송과 광동성 간에는 배가 자주 다니고, 우리를 데리고 온 유구인들은 그 바닷길에 익숙하다 했다.

2월 어느 날이었다. 유구인들이 이제 배를 출발시켜야겠다고 했다. 생각보다 빨리 고향에 돌아갈 수 있을 것 같았다. 그런데 이 말을 듣던 복건인들이 반가워하지 않았다. 오히려 지금은 갈 수 없다고 막 우겼다. 그들이 내세우는 이유는 이랬다. 앞으로 두 달쯤 더 지나고 4월이 되면 남풍이 불 것인데, 광동성으로 가려면 남풍이 불 때 가야 하는데 왜 벌써 출발을 서두르느냐는 것이었다.

그 말을 들으니 복건인들의 얘기가 맞는 것 같았다. 바닷길에서 무엇보다도 중요한 것은 바람이다. 바람을 잘 만나야 목적지까지 탈 없이 순항할 수 있는 법이다. 거의 1년도 안 되는 사이에 두 번이나 표류를 만나 생사의 갈림길을 오간 악몽을 다시는 되풀이하고 싶지 않았다. 조금 늦게 가더라도 순풍이 불 때 배가 출발해야 한다고 나도 생각했다. 떠돌이 생활이 햇수로 2년을 넘는데, 두 달쯤 더 기다리는 일이야 아무것도 아니었다.

그런데 유구인들이 출항을 서두르는 이유는 다른 데 있었다. 우리 일행이 여송에 머무는 날이 길어질수록 그 비용이 많아지기 때문이었다. 복건인들은 자기들 마음대로 집과 먹을 것을 여송인에게서 빌려다 쓰고, 그 비용은 몽땅 유구인에게 떠넘겼다. 그래서 애꿎은 유구인들이 무려 600냥에 달하는 은전을 여송인들에게 갚아줘야 했다. 그랬으니 앞으로 몇 달을 더 여송에서 살게 된다면 그 비용이 얼마나 더 늘어날 것인가.

그러니 하루라도 빨리 출발하는 것이 상책이었다. 반면에 복건인의 속내는 그 반대였다. 일단 여송의 복건인에게 붙어서 살기 때문에 비용 걱정을 하지 않아도 될 일이었다. 그리고 한편은 두렵기도 한 것 같았다. 유구인들과 같은 배를 타고 가다가 도중에 무슨 보복을 당할지도 모를 일이었다. 마치 비용을 내지 않아도 되는 것처럼 유구인들을 속이고 여송인들에게 마음대로 집과 먹을 것을 빌려 지내다가 나중에 그 빚을 유구인들에게 떠넘겼으니, 유구인들이 가만둘 리가 없었다.

그래도 유구인들은 계속 우리 일행을 을렀다 달랬다 하면서 출발을 서둘렀다. 결국 복건인 5명과 나의 작은아버지 문호겸 그리고 이백근, 박무청, 이중원, 이렇게 조선인 4명이 유구인을 따라가기로 했다.

유구인들은 그들을 데리고 먼저 배로 갔다. 배는 관에서 10리 정도 떨어진 곳에 정박하고 있었다. 유구인들은 나머지 사람들을 데려가겠다고 다시 왔다. 아직도 복건인 25명과 나를 포함한 조선 사람 2명이 남아 있었다. 그런데 복건인들이 절대 같이 가지 않겠다면서 강하게 거부하고 나섰다.

그렇게 서로 열흘을 버텼다. 결국 우리를 다시 데리러 온 유구인은 말없이 나가 버렸다. 다음 날 그들은 다시 오지 않았다. 어찌 되었는가 궁금해서 알아보니, 유구인의 배는 이미 떠났다고 했다. 설마, 그랬을 리가 없었다. 유구인이 우리를 중국으로 데려가기 위해 배를 낸 것은 사사로운 일이나 상업적 이윤을 취하는 일이 아니었다. 국명을 수행하는 것이었다. 그런데 그 배가 중국까지 가지 못하고 도중에 표류당해 여송에서 지체했으니, 유구인들은 틀림없이 다시 돌아올 것이었다.

아무리 복건인들이 자기들 의견을 따르지 않아 밉고 화가 난다고 해도 서로 뜻이 모아질 때까지 기다려줄 것이다. 다시 와서 나머지 인원을 빠짐없이 챙겨서 중국으로 함께 데려갈 것이다. 설마 우리를 버려둔 채 가버리진 않았으리라. 그런데 정말로 유구인들은 떠나버렸다 했다. 3월 16일의 일이었다.

하늘이 무너지는 것 같았다. 험난한 표류길에 함께 고생하신 작은아버지는 내게 아버지나 마찬가지였다. 그런데 그분과 생이별을 한 것이다. 젊고 건강한 내가 함께 있어야 하는데, 또다시 표류를 만난다거나 재난을 당하면 작은아버지는 누가 지켜드릴 것인가. 일찍 이것을 알았더라면 비록 유구인의 배에서 죽는다 한들 어찌 작은아버지를 따르지 않았겠는가. 만 번 죽어 한 번 산다고 해도 부자가 함께 살아야 하거늘. 아버지와 떨어져 홀로된 몸으로 아이 옥문을 데리고 있는 내 심정이 어땠겠는가(나중에 우이도에 돌아와 들으니 작은아버지는 1804년 3월에 귀국했다 한다).

이 일과 관련해 류쉬펑 박사의 논문을 다시 살펴보면 그 정황을 더욱 자세하게 알 수 있다.

1803년 3월 26일, 조선인 4명과 중국인 5명을 태운 채 필리핀을 출발한 배 한 척이 푸젠 성 샤먼에 도착했다. 연유를 물으니 실종되어 필리핀에 표류했던 류큐 선박이라 했다. 배에 함께 탄 조선인 4명은 조선에서 왕래하는 상선이 없어 전례에 따라 베이징으로 보내 조선의 사신들을 따라 돌아가게 했다.

문순득의 말대로 작은아버지 문호겸을 비롯한 조선인 4명은 류큐의 표류민 송환선을 타고 먼저 푸젠 성으로 갔다.

중국인 표류민들은 이제 자기네 나라로 돌아갔으니 각자 고향을 찾아가면 되는 일이었지만, 문호겸 등 조선인 표류민들은 전례에 따라 베이징으로 보내졌다. 그곳에서 기다리다가 조선 사신이 오면 만나서 그들을 따라 고향으로 돌아오는 것이 표류민들의 귀환 경로였다.

베이징에서 사신들을 기다리는 동안 해가 바뀌었고, 다음 해 2월 무렵 조선에서 온 사신 일행과 만났다. 사신 일행은 조선 백성들의 표류담을 들으면서 놀라움을 금치 못했다. 이해응이 사신 일행과 함께 가서 표류민들의 사연을 들은 것도 이때다. 앞에서 살펴본 이해응의 『계산기정』에 실린 내용의 전체를 살펴보자.

우리나라 흑산도 백성으로서 남해에 표류하여 이리저리 헤매다가 이곳에 도착해 관사에 머무는 사람 4명이 있었다. 이날 밤 그들을 불러다가 그 전말을 물었더니 다음과 같이 대답했다.

"1802년 겨울에 물고기를 사기 위해 배에 곡물을 조금 싣고 소흑산도에서 대흑산도로 갔다가 이듬해 정월 돌아오는 길에 바다 가운데서 태풍을 만나 표류하게 되었습니다. 모두 10일 만에야 어느 항구에 정박했습니다. 그때 마침 어떤 사람이 물 건너편에서 저희를 맞이했는데, 그 사람은 우리나라 말을 대략 알고 있었습니다. 그에게 여기가 어느 지방이냐 물었더니, 바로 유리국(琉璃國, 류큐)이라고 했습니다. 조금 후에 관에서 검색하는 배가 왔으며, 검색한 이후에 곧 관청에서 배를 안전하게 접수하고는 입을 것과 먹을 것을 제공해주었습니다.

10월 초에 이르러 연경 조공사를 따라서 배를 출발시켰습니다. 그러나 10여 일 만에 또 바람을 만나 표류하게 되었고 조공사의 배 두 척은 갑자기 어디로 갔는지 보이지 않았습니다. 바닷물에 이리 밀리고 저리 밀리고 하던 끝에 어딘가에 정박을 하게 되었습니다. 그런데 바닷가에 흰옷 입은 사람이 있다가 멀리서 바라보더니 곧 저희에게 달려왔습니다. 배에 같이 탄 사람들은 모두 '이제야 살 길이 생겼구나!' 말하고는 그를 따라간 자가 많았습니다. 그런데 한밤중에 어떤 사람이 황급하게 돌아와 울면서 말하기를 '우리 태반이 그들에게 피해를 당했습니다. 그래서 나는 도망해 왔습니다'라기에, 그와 함께 서둘러 배를 옮겨 바다 가운데에 닻을 내리고는 정박할 곳을 찾지 못했습니다.

이와 같은 지 4일째 되던 어느 날이었습니다. 갑자기 바다를 가로질러 달려온 자그마한 배가 있었습니다. 그들은 바로 소주(蘇州, 수조우. 중국 장쑤 성의 도시) 사람으로 상업을 하던 차에 여기에 이른 자들이었습니다. 이때부터 그들에게 의지하여 집에서 편안히 지낼 수 있었습니다. 이 지방이 어느 지방이냐고 물었더니 일록국(日鹿國, 필리핀 일로코스 지방)이라고 했습니다.

그러다 여기서 또 배를 띄워 소주에 닿았습니다. 여기서부터는 배에서 내려 육지를 경유했습니다. 관가에서 베풀어준 것이 아주 좋았습니다. 10월 3일 소주에서 출발해 12월 4일 북경에 도착했습니다. 예부에서 입고 먹을 것을 제공해주었고 절도사가 올 때를 기다리게 했습니다. 그런데 일행 중 2명은 다른 배에 탔는데, 여태껏 도착하지 않는 것을 보니 그들의 생존 여부를 알 수가 없습니다."

이 말을 통해 말하자면, 그들이 천하를 훌륭히 구경했다고 할 만하다. 그러나 무식한 탓에 그것을 만분의 일도 기록하지 못했으니 애석하다. 표류된 사람의 성명은 문호겸, 문순득, 박무청, 이백근, 이중원, 김옥문인데, 문순득과 김옥문은 여태껏 이르지 아니한 자들이다. 나는 그 말을 듣고 그들을 장하게 여겨서 술 한 잔을 가득 부어주었다.

류큐인들을 따라 표류민 송환선을 타고 먼저 중국 푸젠 성으로 간 문순득의 작은아버지 문호겸 일행은, 이렇게 베이징까지 무사히 가서 그곳에서 조선의 사신들을 만나 고향 우이도로 돌아올 수 있었다. 그러나 문순득의 귀환 여정은 아직도 길게 돌아가야 할 모양이었다.

7

고달픈, 그러나 신기한 여송살이

노끈을 꼬아 여송인들에게 팔다

필리핀 땅에 남겨진 사람들은 모두 27명이었다. 중국인 25명과 조선인인 문순득과 김옥문. 류큐에서는 먹을 것과 입을 것을 주고 아픈 데를 물어 치료까지 해주었는데, 필리핀은 달랐다. 표류민도 스스로 밥벌이를 해야 했다. 중국인들이야 필리핀에 터를 내리고 사는 동포들이 있으니 거기라도 기대면 살길이 생길 테지만, 문순득은 막막할 뿐이었다.

하늘 아래 아는 이 하나 없이 달랑 홀로 남겨진 외톨이 신세였다. 김옥문이 곁에 있기는 했지만 아직 어린아이니 당장 어디 가서 무엇을 할 수 있을 것인가. 그것은 자신도 마찬가지였다. 말 한마디 통하지 않는 낯설고 물 설은 땅에서 할 수 있는 일은 아무것도 없었다. 구걸이라도 하는 수밖에 없었다. 그렇지만 그렇게 해서 살아남는다 한들, 류큐 배가 떠나버렸으니 이제 무엇을 타고 고향으로 돌아갈 수 있단 말인가.

그런데 다행히 중국인 한 사람이 살길이 생겼다는 소식을 전한다. 필리핀의 중국인이 도움을 주기로 했다는 것이다.

> 한 수도인이 있었는데, 이 사람은 중국인 3세였다. 여송에 사는 복건인들의 지도자인 듯한 채 선생이 그 수도인에게 말해주어 쌀 500말을 보내고 또 200말을 보냈으며, 적지 않은 은도 보냈다. 다른 사람 역시 많은 쌀과 고기를 주어 이로써 호구에 의지했다.

하지만 일행이 워낙 많으니 쌀도 고기도 금방 바닥이 날 것이었다. 게다가 중국인들 틈에서 도움을 받으면서 연명하다 보니 적지 않게 눈치도 보였다. 스스로 돈을 벌 수 있는 일을 찾아야 했다.

> 그곳 토인(土人)들은 끈을 꼬는 것은 몰라도 연날리기를 좋아한다. 면사, 포사를 사다가 끈을 꼬아 팔아 담뱃값과 술값으로 쓰고 옥문은 날마다 땔나무를 베어다 팔았다.

낯설고 물 설은 이방인의 나라에서 생계를 해결할 대책을 재빠르게 찾아낸 것이다. 여송 사람들은 연날리기는 좋아하는데, 그 연줄로 쓰이는 노끈은 꼴 줄 몰랐다. 그 장면을 눈여겨본 문순득은 노끈을 꼬아 팔아 돈을 마련했다.

그때 문순득이 실을 사러 다닌 곳은 '벨리 로카'라는 마을이다. 중국인 마을에서 멀지 않은 곳에 있는 벨리 로카는 지금은 관광객들이 꼭 거치는 곳이 되었다. 마을 아낙네들이 오랫동안 이어 내려온 전통 방식으로 천을 짜는데, 솜털을 비벼서 가늘고 길쭉하게 다듬은 색색의 짧은 실을 무릎 위에 놓고 꼬아서 길게 이은 실타래를 만든다. 그 모습은 옛날 우리 할머니와 어머니들의 실 잣는 모습, 길쌈하는 모습과 똑같다.

여자들의 수수한 차림새가 우리 농어촌에 가면 만날 수 있는 아주머니들과 다를 바 없다. 물레와 북, 베틀 역시 우리네 민속박물관에서 구경할 수 있는 것들과 거의 유사한 형태다. 벨리 로카의 여자들이 색실로 짜는 천의 이름은 '아벨 일로코'로, 비간에서는 아벨 일로코 직조 과정을 보여주는 축제도 있다고 한다.

벨리 로카 마을도 에스파냐 식민지 시대의 유산이다. 멀고 가까운 바다를 누비며 세계 경제를 주름잡던 에스파냐의 식민지 시대,

▶ 아벨 일로코 마을의 베 짜는 모습

무역의 중심지였던 비간 항구는 언제나 무역선으로 붐볐다. 그 배가 항구에 들고 나려면 튼튼한 밧줄이 필요했고, 벨리 로카에서 그 밧줄을 만든 것이다. 벨리 로카의 여자들은 밧줄 외에도 담요 등 다양한 직물을 짜야 했다.

한편 문순득은 홍어 장수이긴 했지만, 나무를 다루는 재주도 있었다. 나중에 우이도로 문순득을 찾아간 정약용의 수제자 이강회는 문순득을 이렇게 평했다.

> 문순득은 선박에 관한 일에 익숙하고 총명함과 재능을 겸했기 때문에 여러 종류의 선제(船制)에 정통했다.

문순득은 표류에서 돌아온 후 아들을 낳고, 그 아들을 위해 손수 집을 지었다고 한다. 나중에 태어난 두 아들에게도 각각 집을 지어주었다. 후손 문채옥 씨도 젊어서는 배 만드는 일을 했고 아흔 살이 된 지금도 웬만한 목공 일은 직접 한다.

「표해시말」에는 기록되지 않았지만 우리가 만난 비간의 역사학자 안토니오 플로렌티노 씨는 문순득이 중국인들과 함께 건축 현장에서 나무 다듬는 일을 했을 거라 추정하기도 한다. 당시 비간에는 큰 주택들이 건설 중이었기 때문에 나무를 잘 다루는 사람들은 일감이 많았다. 비간 사람들은 목공 기술이 없었기 때문에 그 일은 외국인들이 맡았다고 한다. 따라서 손재주 좋은 문순득이 끈을 꼬아 파는 일 외에 목공 기술로 생계를 유지했을 가능성이 충분하다.

처음 보는 성당, 익숙한 닭싸움

류큐국에서 그랬듯 문순득은 필리핀에서도 이방인들의 삶을 관찰했다. 때로는 농가에서 그들의 식탁에 함께 앉아 끼니를 해결하기도 하고, 때로는 항구를 드나드는 서양의 큰 배를 살펴보면서 호기심을 채웠다. 고향에 가지 못하는 그리움의 허기를 그렇게 달랬는지도 모를 일이다.

1800년대 초반 조선의 남쪽 변방 작은 섬의 홍어 장수 문순득에게 필리핀 사람들의 사는 모습은 모두가 신기하고 경이로울 뿐이었다. 특히 그의 벌어진 입을 다물지 못하게 한 것은 난생처음 보는 서양식의 웅장한 성당이었다. 18~19세기, 비간은 식민지 시대 최고의 도시였다. 그런 도시의 중심에 세운 성당이었으니 당대 최고의 건축물이라 해도 손색이 없었을 터였다. 「표해시말」에서는 이 성당을 사람들이 가서 신을 받들고 기도드리는 신묘라 하고 있다.

> 여송의 신묘는 30~40칸의 긴 집으로 비할 곳 없이 크고 아름다웠으며, 이로써 신을 모시는 대중을 접했다. 그 안에 신상을 모셔놓았다. 신묘 한쪽 꼭대기 앞에 탑을 세우고, 탑 꼭대기에 금계(金鷄)를 세워 바람에 따라 머리가 바람이 오는 방향으로 스스로 돌게 했다. 탑 꼭대기 아래 벽의 밖으로 크기가 같지 않은 종 4~5개를 걸어 제사와 기도 등 일에 따라서 다른 종을 친다. 한 사람이 종을 치면 듣는 사람이 각자 소리에 따라 와서 예배를 드린다.

▶ 비간 세인트폴 대성당 종탑의 닭

문순득이 감탄한 이 성당은 바로크 양식의 세인트폴 대성당이다. 바로크 양식을 띠고 있지만 세례당, 브라스 난간, 정면의 몰딩 등에는 중국의 양식이 농후하다. 1790년부터 짓기 시작해 1800년에 완공되었으니, 문순득이 이 성당을 보았을 때는 갓 신축한 새 건물이었다. 현지에 사는 주민들뿐 아니라 비간을 찾는 수많은 관광객이 지금도 이 성당을 찾아오고, 그곳에서 기도를 드린다. 외부 형태는 그대로고 내부는 보수공사와 함께 깨끗하게 새 단장을 했다고 한다.

문순득은 성당에 대해 말하면서 탑 꼭대기에 금계를 세워 바람에 따라 머리가 스스로 돌게 했다고 했는데, 실제로 성당의 종탑 위 꼭대기에 닭을 형상화한 조각이 있었다. 바람의 방향을 따라 빙글빙글 도는 그 닭은 일종의 풍향계 역할을 한다. 필리핀 일로코스 전체에서 성당 종탑 위에 닭 형상이 있는 성당은 세인트폴 대성당뿐이다. 또 종탑에는 모두 4개의 종이 있어, 문순득의 말대로 종이 울리면 온 마을 사람들이 모여서 함께 예배를 드렸다고 한다.

성당 꼭대기에 닭이 있는 성당은 베드로를 수호성인으로 모시는 성당으로, 닭은 회개의 상징이다. 베드로는 새벽닭이 울기 전에 예수를 세 번 부정했다. 예수와 함께 잡혀가고 싶지 않은 두려움에 생사를 함께하기로 약속한 예수를 부정하고 만다. 예수는 그걸 알고 베드로에게 "새벽닭이 울기 전에 너는 나를 세 번 부정할 것"이라 했고, 베드로는 눈물로 회개한다. 닭은 그런 실수를 더는 하지 않겠다는 베드로 자신의 약속이자 그의 뜻대로 살겠다는 가톨릭교도들의 약속을 상징하는 것이다. 또 비간 사람들은 세인트폴 대성당 종탑 꼭대기의 닭이 새벽 울음을 우는 날 새로운 세상이 올 거라고 믿는다.

한편 문순득에게는 필리핀 성당 꼭대기에 올라가 있는 닭만 신기한 것이 아니었다. 고향에서 하던 닭싸움 놀이를 필리핀 사람들도 하는 것이 아닌가?

> 여송 사람들은 닭싸움을 즐기는데 은으로 며느리발톱을 씌우고, 이기지 못하고 죽으면 주인이 은을 바친다.

닭다리에 은으로 만든 발톱을 끼워줄 정도라면 필리핀의 닭싸움은 조선보다 훨씬 격렬했나 보다. 추석이면 동네 한가운데서 신명나게 벌어지던 닭싸움 놀이를 이곳 필리핀에 와서 보았으니 문순득도 열띤 응원과 함께 필리핀의 닭싸움 놀이를 즐겼을 것이다.

필리핀의 닭싸움은 상당히 오래된 전통을 가지고 있다고 한다. 싸움닭을 향해 목청껏 소리를 지르면서 필리핀 사람들은 식민 치하의 설움과 울분을 토했고, 그래서 닭싸움이 에스파냐 식민지 시절을 거치면서 전 국민적 놀이가 되었을 거라고 보기도 한다.

200여 년 전 문순득이 본 은 발톱은 상대편 닭을 공격하게 하는 수단이었을 것이다. 그런데 세월이 흐르고 닭싸움이 도박의 성격으로 변질되면서 그 은 발톱은 상당히 날카롭고 길쭉한 모양새의 칼로 변했다. 그래서 필리핀의 닭싸움을 처음 보는 이방인들에게는 다소 잔인해보이기까지 한다.

필리핀 전역에 만여 개의 닭싸움 경기장이 있다고 한다. 경기장은 한국의 씨름장과 비슷한 형태다. 싸움닭은 일반 닭과 종자부터 다르다. 생김새도 일반 닭보다 예쁘고 날렵할 뿐 아니라, 병아리 값부터 비싸다. 또 영양제가 함유된 전문 사료나 비타민, 보양식까지 먹여가며 혹독하게 훈련시킨다. 그래서 필리핀 남자들은 집에 불이 나면 식구나 가재도구보다 싸움닭을 제일 먼저 들고 나올 거라는 우스갯소리도 있다고 한다.

필리핀에서는 주말이면 어느 지역에서든 이런 닭싸움을 볼 수 있다. 싸봉(ssabong)이라 불리는 이 전통 닭싸움은 필리핀의 대표 스포츠로, '싸봉을 모르고 필리핀을 논하지 말라'는 말이 있을 정도다.

여송 사람들의 일상 속으로

문순득이 필리핀 사람들의 일상에 이렇게 가까이 다가갈 수 있었던 것은 아마 탁월한 언어 감각이 배경이 되었을 것이다. 문순득의 뛰어난 언어 습득 능력은 여송어의 경우도 예외가 아니었다.

필리핀에는 여러 언어가 존재한다. 미국의 언어학자 리처드 S. 피트먼에 따르면 필리핀에는 55종의 토착 언어와 142개의 방언이 있다고 한다. 그리고 영어는 교육, 정치, 상업 분야에서 가장 널리 쓰이는 언어다. 현재 필리핀에서 에스파냐어는 잘 사용되지 않는다. 초등학교부터 대학교까지 모든 수업은 공용어인 영어와 타갈로그어로 진행된다.

200년 전 문순득이 배워 익힌 필리핀 말은 일로카노어였다. 일로카노어는 주로 필리핀 북부 일로코스 지방 사람들이 사용하는 언어로, 에스파냐어에서 지대한 영향을 받았다.

문순득이 여송의 언어를 살펴보니 조선과는 말하는 것이나 글 쓰는 법이나 비슷한 점이라고는 전혀 찾을 수가 없었다.

> 국서(國書)는 있는데 음은 있으나 뜻이 없고, 글씨는 우본(羽本, 깃펜)으로 가로로 쓰는데 중국 글은 보이지 않는다.

그나마 류큐에서는 중국 글자로라도 의사소통이 가능했는데, 중국 글은 전혀 보이지 않고 글씨도 조선과는 달리 펜글씨를 가로로 써나가니 달라도 너무 달랐다. 게다가 일로카노어는 타 지역에 사는 필리핀 사람들도 배우기가 쉽지 않다고 한다. 필리핀 언어는 에스파냐어에 지대한 영향을 받았는데, 특히 일로카노어의 80퍼센트 이상이 에스파냐어일 거라고 한다. 필리핀에는 수많은 토속 언어가 있지만 그것들끼리는 서로 유사성이 있어서 한 가지 언어를 배우면 다른 언어를 배우기도 쉽다. 하지만 일로카노어는 마치 섬처럼 동떨어진 언어가 되었다.

그렇다면 이렇게 까다로운 일로카노어를 문순득이 얼마나 정확하게 기억했는지 살펴보자.

	「표해시말」여송어	일로카노어
물	싼놈	다눔
집	가산	카사
담배	다박귀	타바코
여자	신교	신꼬
모르다	미아싸비	비야싸비
앉다	쓰인다	쉰다
닭	만속	마녹
쌀	마가시	바가스
죽음	몰니다라	몰리따레

유구어가 그랬듯 여송어 역시 문순득은 꽤 정확하게 듣고 기억했다. 이렇게 문순득이 사용한 단어들 중 상당수는 지금의 필리핀 사람들에게도 여전히 친숙한 것이라고 한다.

한편 당시 비간에는 다양한 인종이 살고 있었다. 산지 근처에는 작고 검은 눈에 독특한 의상을 입는 푸디게라스족이 살았고, 팅기안족은 키는 크지 않지만 체격이 아주 건장했다. 혼혈도 있었는데, 중국인과 필리핀인의 혼혈들이었다.

이제 문순득에게 필리핀 사람들과 한데 어울려 식사를 하고 술잔을 기울이고 잎담배를 피우는 일쯤은 보통의 일상이 되었다. 사람들의 생김새는 많이 달랐지만 농사를 짓고 고기를 잡으면서 하루하루를 살아가는 모습은 고향인 조선의 풍경과 비슷했기 때문이다. 또 이미 류큐에 표류해서 여덟 달을 지내면서 이방인으로서 생활하는 데 적응 훈련도 하지 않았던가.

여송인은 반드시 의자에 앉는다. 사람을 만나면 예의를 차려 손을 흔들거나 갓을 벗어 흔든다.
여송의 집은 네모지고 반듯하다. 사방은 3~5칸으로 넓지 않다. 주춧돌은 없고 땅을 파서 기둥을 세우고 높이 2~3장(丈) 위에 층집을 만들어서 거처하며 사다리를 두고 오르내린다. 벽과 바닥은 모두 판자로 되어 있다. 앞뒤로는 석린(石鱗, 유리)으로 창을 내고, 대(竹)로 덮는다. 부유한 사람은 석회로 담을 쌓는데 사각형을 이룬다. 담장 위에 종횡으로 나무를 놓고 나무 위로 집을 지어 위는 기와로 덮고, 집으로 낙숫물을 내려 받는데 안으로 그 담장을 깎아 물이 가운데로 모여 내리게 하여 수고(水庫)를 만든다.

류큐국 사람들의 집을 관찰한 내용에서도 그랬듯, 마치 눈앞에 200년 전 필리핀 전통 양식의 주택 설계도가 펼쳐져 있는 듯 선명하게 그 모습이 그려진다. 특히 문순득은 필리핀 주택의 물 저장고인 수고에 주목했다. 섬은 늘 물이 부족했다. 빗물을 받아두었다가 쓰고 끓여서 마시기도 했지만, 초가지붕 처마 밑으로 떨어지는 낙숫물은 깨끗하지가 않았다. 저렇게 여송의 수고처럼 담장을 활용해서

▶ 필리핀의 옛날식 주택

수로를 내고 그 위로 지붕을 얹는다면 훨씬 깨끗한 빗물을 받을 수 있을 것이었다.

이 밖에도 부엌이나 창고 등도 꼼꼼히 살폈다.

> 부엌은 화재가 빈번해 불을 경계하여 수십 보 된 곳에 따로 두고 옥상에서 구름다리로 서로 이었다. 창고 역시 층집으로 만들고 벽은 모두 밖으로 기울여 위는 넉넉하고 아래는 줄여서 비스듬하다. 곡식과 이삭을 저장하는 곳에 짚단을 묶어서 쌓아놓고 쥐의 침범에 대비했다.

그런데 필리핀에는 문순득이 보기에 희한한 풍습이 있었다. 부모나 어른을 만나면 그 손을 끌어다 냄새를 맡는 것이었다. 사실 이것은 냄새를 맡는 것이 아니라 필리핀의 독특한 인사법에 대한 오해에서 나온 설명이다. 지금도 필리핀에서는 어린아이들이 어른과

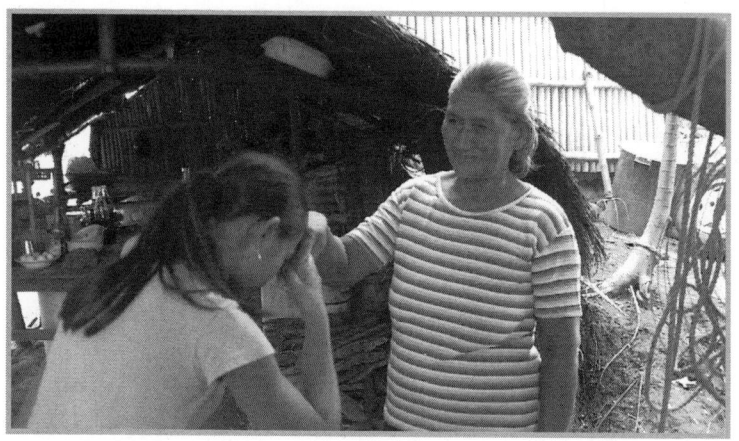
▶ 문순득이 손을 끌어다 냄새를 맡는다고 한 필리핀의 인사법

인사할 때 존경의 표시로 상대방의 손을 이마에 가져다 댄다. 이 모습을 문순득은 서로 냄새를 맡는 것으로 생각한 것이다. 류큐국 사람들이 음식을 젓가락으로 덜어서 손바닥 위에 놓고 먹는 것을 '젓가락이 더러워지는 것을 싫어해서' 그렇게 먹는다고 한 것과 비슷하다.

 인사하는 것을 냄새 맡는 것으로 생각했다는 것은 재미있는 일이다. 그러나 한편으로 각기 다른 나라나 문화권 사이에 서로 대화나 이해의 노력 없이 교류가 단절된다면 작은 일에서도 이와 같은 오해가 빚어지기 쉽다는 사실을 보여주는 증거이기도 하다. 문순득이 이런 오해를 한 것은 200년 전의 일이지만, 지금도 그런 우스꽝스러운 일이 도처에서 벌어지고 있지 않는가.

 게다가 필리핀의 일반 사람들이 처음 한국인에 대해 알게 된 계기는 제2차 세계대전 때 일본군으로 강제 동원되어 간 한국인들을 통해서라고 한다. 그러나 그들은 친구가 아니라 정복자로서, 군인으로서 왔다. 즉 필리핀 사람들이 기억하는 한국인은 제2차 세계대전을 일으켜서 한반도와 중국, 동남아시아 여러 나라를 짓밟은 일본 침략군에 강제 징집된 군인의 모습일 것이다.

그보다 훨씬 전의 일이기는 하지만, 오랜 역사 속에서 언제나 침략자 이방인들에게 더 익숙한 필리핀 사람들에게 문순득은 그런 군인의 모습과는 거리가 멀었다. 비록 바람에 등 떠밀려 뜻하지 않게 찾아온 먼 나라의 이방인이었지만, 그는 필리핀 사람들과 오랜 벗처럼 격의 없이 어울렸다. 그들의 언어를 배우고, 그들의 삶의 양식을 그대로 이해하고 순응했다. 노끈을 꼬는 기술을 가르쳐주고 나무를 잘 다루는 손재주가 있는 데다가 눈썰미가 대단한 사람, 그 멀고 험난한 바닷길에서 바람에 떠밀리고 파도에 휩쓸려서 두 번이나 죽을 고비를 넘긴 사람, 그러면서도 수완 좋은 장사꾼답게 친화력이 남다른 사람.

200여 년 전 문순득은 필리핀 사람들에게 정복자나 침략자, 혹은 이윤에만 급급한 장사치 등 그들이 수백 년 동안 만나고 겪어온 숱한 이방인들과는 완전히 달랐다. 표류민 문순득은 삶의 기쁨과 슬픔을 더불어 나눌 수 있는 친구와 같은 조선인으로 기억되었다. 말하자면 그는 한국에서 필리핀으로 간 최초의 민간 외교관이라고도 할 수 있을 것이다.

신기한 식사 풍경

문순득에게 필리핀 사람들의 사는 모습은 아낙네들의 천 짜는 모습이나 남정네들의 닭싸움처럼 익숙한 것들도 있었지만, 낯설고 색다른 풍경이 대부분이었다.

밥 짓는 것은 남자가 한다. 그리고 밥을 먹을 때는 가운데 밥 한 그릇과 반찬 한 그릇을 놓고 남녀가 둘러앉아 손으로 먹는다. 귀인은 시저(匙箸, 숟가락과 젓가락)를 쓰고 일간삼지(一幹三枝, 포크)로 꿰서 먹는다. 춤은 남녀가 마주 서서 손을 늘어뜨리고 음악에 맞추어 몸을 움직인다.

남자가 밥을 짓다니, 문순득은 남자가 부엌일하는 모습은 태어나서 처음 보았을 것이고, 그 이후로도 그런 희한한 풍경은 본 적이 없을 것이다. 또 밥을 먹을 때는 당연히 숟가락과 젓가락을 써야 하는데 웬 숟가락이 밭에서 쓰는 쇠스랑처럼 세 가닥의 가지가 나 있으니, 저런 것으로 음식을 꿰어서 먹는데도 흘리지 않고 자연스럽게 식사를 하는 모습이 마냥 신기했을 것이다. 어디 그뿐인가, 이 나라에서는 남녀가 서로 손을 잡고 음악에 맞춰서 춤을 추기도 했다. 공개된 자리에서 남녀가 즐겁게 어울리는 모습이 문순득의 눈에는 어떻게 비쳤을까.

필리핀 사람들이 먹는 음식 또한 낯설기는 마찬가지였다. 집집마다 장독에 간장과 된장이 필수적으로 채워져 있던 고향과는 사뭇

다른 풍경이었다.

콩이 없고 된장이나 간장은 먹지 않는다. 쇠고기, 돼지고기, 녹두 열매를 즐겨 먹는다. 담뱃대가 없고 잎담배를 말아서 한쪽은 태우고 한쪽으로 빤다. 하마(蝦蟆, 두꺼빗과에 속하는 개구리 비슷한 양서류)를 먹는다. 하마는 소금을 뿌리면 바로 죽는다. 발과 배를 떼어내고 삶아 먹는다.

지금도 필리핀에서는 개구리를 즐겨 먹는다. 우리는 비간 외곽의 전통 농가로 찾아갔다. 나무로 나지막한 기둥을 놓고 그 위로 집을 지었는데, 축축한 땅에서 올라오는 습기를 피하기 위해서라고 했다. 문순득이 본 대로 벽과 바닥은 모두 판자와 대나무였다. 잘 지어진 주택이라기보단 대충 얼기설기 얽어서 맞춘 듯한 엉성한 모양새였다.

▶ 밭을 갈고 있는 물소

집주인인 래리 파스토르 씨는 집 부근에 있는 밭에서 물소를 앞세운 채 쟁기질이 한창이었다. 필리핀의 물소는 옛날 우리네 농가의 소처럼 가족이나 마찬가지다. 논밭도 갈고 무거운 물건도 운반하는 등 집안의 큰 일꾼이자 재산이다. 아직도 필리핀에서는 이렇게 옛날 방식으로 농사를 짓는 농가가 적지 않다고 한다. 문순득은 이 물소 얘기도 빠뜨리지 않았다.

물소는 거의 소와 비슷하여 색은 까맣고 배는 크며, 목은 가늘고 눈은 빨갛다. 뿔은 길이가 2자(尺) 남짓으로 서로 마주 향하여 활처럼 굽어 있다. 이 뿔이 곧 흑각(黑角, 조선시대 각궁의 재료)인데, 길이는 길지 않다. 풀을 먹고 항상 물에서 쉰다. 소처럼 타고 다니고 달구지를 끌게 한다. 성질은 길들여졌지만 줄로 목을 묶어놓았다. 놓아주려면 줄만 풀면 된다. 몹시 번성하다.

필리핀의 물소는 논밭에서 쟁기질만 하는 것이 아니었다. 우리는 중국인 도자기 공방에 들렀을 때 물레질에 열심인 도공들 옆에서 빙빙 원을 그리면서 돌고 있는 물소를 본 적이 있다. 그 물소는 흙을 섞는 중이었다. 그렇게 물소가 빙빙 돌면서 흙을 밟아주면 흙 반죽이 훨씬 수월해진다.

일을 마친 파스토르 씨와 함께 집으로 돌아오니 아내의 여동생과 그 가족들이 와 있었다. 잠시 후 아이들의 외할머니가 방문하자, 아이들이 줄줄이 달려 나가더니 할머니의 손을 잡고 이마에 갖다 댔다. 200년 전 문순득이 냄새를 맡는다던 인사법이다.

식사 준비가 시작되자 파스토르 씨가 부엌으로 들어갔다. 역시 문순득이 말한 대로 식사 준비는 남자의 몫이었다. 게다가 메뉴는 개구리볶음이었다. 필리핀에는 식용 개구리가 따로 있다고 한다. 모양이나 맛 모두 우리네 닭볶음과 비슷했다.

문순득은 개구리 요리 외에도 필리핀의 식탁에 올라오는 여러 가지 처음 보는 음식에 대해 이야기했다. 그중에 여지(荔支)라는 것은 바로 파파야를 말한다.

여지는 크기가 10여 장이며 잎은 길고 두껍다. 3월에 익으며 열매는 크기가 오이 같고 색은 짙은 황색이며 씨는 살구씨 같으나 길고 맛은 달고 시원하다. 여송인들은 이것을 늘 먹으며 반찬으로도 만든다. 익지 않은 것은 채소 절임을 만드는데, 새콤한 향이 매우 좋다.

우리가 찾아간 농가의 식탁에도 파파야 절임이 반찬으로 올라와 있었다. 덜 익은 파파야 열매의 껍질을 벗기고 속을 파낸 다음 그 과육을 채를 쳐서 식초에 절인 것이다.

파파야의 원산지는 아메리카 열대지방이다. 에스파냐는 한때 멕시코를 비롯한 아르헨티나, 코스타리카 등 중남미의 여러 나라도 식민지로 거느렸으니, 필리핀을 식민지화하면서 이 파파야도 함께 들여왔을 것이다.

기후 온난화로 최근에는 우리나라에서도 열대 과일이 재배된다. 파파야도 그중 하나다. 그러나 아직도 파파야나무나 열매를 직접

보지 못한 사람이 많다. 조선 시대에야 말할 것도 없다. 아무튼 200년 전 문순득에게 이 파파야는 낯선 나라에서 갈증을 식혀주는 달고 시원한 맛의 과일로 기억되었다. 그리고 필리핀 사람들은 그것을 반찬으로도 먹었고, 그 식습관은 오늘날까지 유지되고 있다.

문순득은 필리핀 사람들의 식탁에서 또 하나의 색다른 풍경을 보았다. 그것은 빈랑이었다.

> 빈랑은 매우 흔하다. 나뭇잎에 재를 바르고, 열매를 잎으로 싸서 먹는다. 식후에 반드시 먹는다.

빈랑나무의 열매인 빈랑을 많은 사람이 껌처럼 씹는데, 전 세계 4억 명 이상이 빈랑을 소비하며 인도에서만 연간 10만 톤 이상이 팔린다고 한다. 작게 자른 빈랑 조각에 석회를 발라서 후춧과에 속하는 식물인 베틀후추의 잎으로 싸서 같이 씹는다. 석회가 구강 내의 환경을 알칼리성으로 만들어 빈랑 성분의 자극을 강하게 해주기 때문이다. 이렇게 씹다 보면 입에 붉은색 액체가 고이는데, 이 때문에 너무 많이 씹으면 치아

▶ 빈랑

가 검게 변한다고 한다.

빈랑이 각성 효과가 있다고 해서 타이완 일부 지역에서는 껌처럼 일상적으로 씹는 사람들도 있는데, 이 때문에 빈랑의 발암성에 대한 우려가 크다고 한다. 빈랑을 너무 많이 씹으면 구강암에 걸릴 우려가 높다는 것이다. 게다가 타이완에서는 청소년들이 빈랑을 과다하게 씹고 환각 상태에 빠지는 일도 있어 사회적 문제가 되기도 한다.

필리핀 전통문화 백과사전

여송인의 홑저고리는 옷깃이 없다. 윗옷은 머리부터 아래로 덮어 쓴다. 소매는 팔을 겨우 넣을 수 있다. 옷깃에서 옷자락까지는 구리 단추를 10여 개 다는데 금, 은, 동이 정해져 있지는 않다. 겨드랑이 솔기 밑에는 주위에 8여 개의 주머니를 만들어 편하게 차게 했다. 주머니는 혹은 4개나 10개로 개수는 정해져 있지 않다. 저고리 길이는 정해져 있지 않으나 모두 옷자락이 있어 긴 것은 무릎에 이르고 아래는 좁아진다. 특히 긴 것은 귀인의 옷이다. 수도하는 사람(가톨릭 신부를 지칭하는 듯)은 검은 비단으로 장포(長袍)를 만드는데 길이는 발에 이른다.

귀인의 바지는 아래로 버선과 잇대어 하나로 되어 있고 몹시 좁아서 겨우 정강이가 들어간다. 앞의 중요한 곳 앞에는 두꺼운 면을 댄다. 하체가 볼록하게 드러나는 것을 싫어하는 것 같다. 천인의 바지는 양다리가 몹시 넓다. 대략 우리나라 부인의 홑바지와 같다. 허리띠가 없고 접어서 빈 전대를 만들어 줄을 꿰어 맨다.

부인의 저고리는 남자와 같다. 아래로 치마가 있고 주위는 모두 막혀 있으며 허리띠가 없고 옷깃을 접어서 빈 전대를 만들어 줄을 꿰어 맨다.

갓은 귀인은 가죽으로 만들고 대략 우리나라의 전립(氈笠, 조선 시대 무관이 착용하던 모자)을 좌우로 접은 것과 같다. 상인의 것은 등나무로 엮어 만든다. 갓의 생김새를 보면 위쪽은 고깔 모양의 절풍모(折風帽, 마름모꼴 모자)와 같고 크기는 이마에 다 다르며 챙은 여러 치가 되기도 한다. 천인은 바둑판 같은 무늬의 오색 천으로 쓰개를 만들어 머리를 덮는다.

두발은 남자는 머리털을 깎거나 혹은 깎지 않는다. 수도인은 정수리를 남기고 밖은 깎는다. 수염은 모두 깎는다. 부인은 낭자를 하고 혹은 머리를 내려뜨려 은으로 만든 빗이나 대모갑 비녀를 꽂는다.

사람을 벌하는 데는 가죽으로 채찍을 만들어 정강이를 매질한다. 도둑을 다스리는 데는 매질한 후 형틀 칼을 가로로 놓아 엎드리게 하고 칼을 씌워 얼마 지나면 이것을 벗기고 발을 족쇄로 묶는다. 돈을 내면 풀어주고 그러지 못하면 노비로 삼아 기한이 차면 풀어준다.

여송에는 솜나무가 있는데 길이는 10자 남짓하고 봉우리가 큰 것은 가지만 하고 중간 것은 밤송이만 하다. 6, 7월에 꽃이 피고 꽃은 솜 같으나 씨는 꽃 속에 있지 않고 따로 꽃송이의 바닥에 있다. 여송인은 이것으로 베를 짜지 않고 오직 베갯속으로 쓴다. 초면(草綿)은 우리나라와 같으나 몹시 크고 푸짐하며 견고하고 질겨서 오직 딱딱한 채찍으로만 쓴다. 또 황면(黃綿)이라는 것이 있어 옷을 만들어 입거나 베를 짠다.

필리핀에는 정말 솜이 밤송이처럼 주렁주렁 열리는 솜나무라는

▶ 필리핀의 솜나무 열매

것이 있다. 지금도 비간의 여러 마을에서 높이 자란 솜나무가 우리 농촌의 감나무처럼 민가의 뒤뜰을 지키고 있다. 열매가 어른 주먹만 한 크기인데, 껍질을 벗겨보니 신기하게도 그 안에 하얀 솜이 가득했다.

이렇게 필리핀 사람들의 사는 곳과 먹는 것, 입는 것 그리고 주변의 나무와 화초, 형장(刑場)까지 두루 살펴본 문순득의「표해시말」은 실로 필리핀의 전통 민속과 언어를 총망라한 백과사전이라 할 만하지 않은가.

필리핀은 한때는 아시아 2위, 세계 10위권의 경제 강국이었다. 또 '아시아의 노벨상'으로도 불리는 권위 있는 막사이사이상을 수여해오고 있는 나라이기도 하다. 막사이사이상은 필리핀의 대통령이었던 막사이사이를 기리기 위해 1957년 4월에 제정된 국제적인 상으로, 우리나라에서도 장준하, 장기려, 제정구, 법륜 스님, 박원순 등이 수상했다.

그러나 필리핀 하면 관광이나 영어 연수를 저렴한 비용으로 다녀올 수 있는 나라, 혹은 결혼 이주 여성들의 출신지 중의 한 나라, 2만 켤레가 넘는 구두를 사 모으고 온갖 호사와 사치를 누렸다는 독재자의 아내 이멜다 정도만 알고 있는 사람들이 적지 않다. 또 경제적으로 넉넉하지 않다고 해서 그 나라의 문화나 역사와 전통까지 무시하는 일도 흔히 볼 수 있다.

그러나 문순득은 난생처음 발을 디딘 이역의 땅에서 처음 마주친 낯선 얼굴의 이방인들을 자신과 다르다고 해서 업신여기지 않았다. 반대로 두려워하거나 비굴하게 굴지도 않았다. 그저 똑같은 인간의 시선으로 그들을 바라보면서 그들을 느끼고 이해하고, 모르는 건 물어보고, 배우면서 함께 어울렸다. 비간의 역사학자 플로렌티노 씨는 문순득의 표류기에 대한 소감을 이렇게 이야기했다.

"이것은 이정표적 일입니다. 우리 필리핀 사람들이 소중히 여기는 문화와 가치와 아름다움에 대해 한국인들의 눈을 열어주기 때문입니다. 그리고 저는 이 한국인이 보고 들은 것, 특히 지역 문화에 대해 기록한 것을 보고 매우 놀랐습니다. 그는 웬만한 작가 이상의 일을 해냈습니다. 새로 사귀게 된 필리핀 친구들의 생소하기만 한 문화와 삶의 방식에 대단한 감수성을 발휘했으니까요. 또 그의 묘사와 기록을 통해 당시 그 지역의 문화와 상황에 대한 한국인의 관점을 얻을 수 있다는 것은 매우 의미 깊은 일입니다."

8
돌아갈 길이 열리다

한편으로 먹고살 방편을 마련하느라 비지땀을 흘리면서, 또 한편으로는 필리핀 곳곳을 관찰하고 구경하면서 고향으로 돌아갈 날만 고대하고 있는데 드디어 기다리고 기다리던 소식이 들려왔다. 광둥 성에서 상선이 왔다는 것이다.

1803년 5월의 일이었다. 광둥 성에서 왔다는 상선의 주인은 원래 필리핀 사람이지만 현재는 광둥 성 마카오에 사는 사람인데, 필리핀으로 징사를 나닌다고 했다. 문순득은 이 상선을 타고 마카오로 갈 예정이었다. 이제 또 언제가 될지는 모를 일이지만 마카오로 건너가면 그다음에는 조선으로 갈 수 있을 거라 했다.

문순득이 광둥 성의 상선이 왔다는 소식을 어떻게 들었는지는 「표해시말」에 나오지 않는다. 그런데 마카오에서 만난 역사학자들이 보여준 책자에 문순득의 필리핀에서의 행적이 기록되어 있었다.

그 책자에 따르면 문순득은 3월 16일에 '여송국 왕'을 만났다. 필리핀에 표류한 것이 1802년 11월 초의 일이었으니 비간 중국인 마

213

을에 몸을 의탁한 지 4개월여 만의 일이었다. 그날은 공교롭게도 문순득의 작은아버지 문호겸 일행이 류큐선을 타고 먼저 푸젠 성으로 출발한 날이었다. 문순득은 작은아버지와 헤어져 세상천지에 홀로 남은 외톨이가 된 심정으로, 김옥문과 중국인 표류민 25명과 함께 필리핀의 관헌에 불려갔다.

　문순득이 그날 만났다는 필리핀 왕이 누구인지는 알 수 없다. 당시 필리핀이 에스파냐 식민지였으니 에스파냐의 현지 총독이었는지, 아니면 나중에 문순득이 마카오에 다다랐을 때 그곳에서 불려간 관청처럼 '변방을 기찰하고 손님을 접대하며 상인에게 세금을 징수하는' 곳의 관리였는지는 알 수 없다. 하지만 문순득이 그를 여송국 왕이라고 지칭한 걸 보면 상당히 높은 직위의 사람이었음은 분명하다. 아무튼 그 필리핀 왕은 문순득과 중국인 표류민 일행을 심문하고 그들이 필리핀에 표류한 정황을 물은 후, 그들을 돌려보낼 조치를 취했다.

　어쩌면 문순득이 중국인 표류민들과 함께 있었기 때문에 그나마 광둥 성 상선이라도 얻어 타고 돌아올 수 있지 않았을까? 당시 필리핀은 조선과 교류가 전혀 없었기 때문에 조선 표류민 문순득과 김옥문만을 위해 따로 송환 조치를 취하진 않았을 테고, 그랬다면 문순득과 김옥문은 영원히 국제 미아가 된 채 필리핀에서 한 많은 생을 마쳤을지도 모를 일이다.

　필리핀 마닐라와 광둥 성 마카오 간에는 바닷길을 통한 상업 교류가 활발했고 무수한 상선이 그 바닷길을 드나들었다. 필리핀 왕은 중국인 표류민 25명과 조선인 문순득과 김옥문을 그 상선에 태워 돌려보내라고 명했다.

그 배는 마카오 소속 제11호 상선이었다. 그리고 문순득은 그 광둥 성 상선의 주인이 필리핀인으로, 마카오에 살면서 필리핀으로 장사를 하러 다니는 사람이라 했다. 나중에 문순득이 마카오에 가기 위해 이 배를 탔을 때는 뱃삯도 내야 했다. 그러니까 필리핀 마카오 간에는 해상무역이 활발했고 그만큼 교류도 깊었지만 무료 송환 체계는 없었던 모양이다. 양측의 무료 송환 체계가 확립되었다면 개인이 부리는 상선에 그것도 표류민에게 승선료까지 부담시키면서 돌려보내지는 않았을 것이다.

그렇게 송환 결정이 내려지고도 두 달이 지났다. 마침내 5월 1일, 그 광둥 성 상선이 왔다는 소식을 들었다. 바람의 때를 맞춰야 하니 출발하려면 더 기다려야 한다고 했지만 돌아갈 수만 있다면 몇 달이라도 더 기다릴 수 있었다. 그렇게 다시 3개월이 지난 1803년 8월 28일, 드디어 배가 비간의 항구를 출발했다. 이렇게 중국해협을 거쳐 마닐라로 갔다가 그곳에서 광둥 성의 마카오로 간다고 했다. 게다가 마닐라에서 마카오까지는 순탄한 바닷길이라고 했다.

그런데 뱃사람이 오더니 삯을 요구했다. 노끈을 꼬아 팔고 목공일을 하면서 생계를 유지해온 표류민에게 무슨 돈이 있었겠는가마는, 문순득은 뱃삯으로 커다란 은전 12냥을 냈다. 이 외에도 그 배에서는 밥도 스스로 해 먹어야 했다. 그렇게 배에서 열하루의 낮과 밤을 보낸 그들은 마침내 마카오에 발을 디뎠다.

▶ 18세기 말～19세기 초 마카오 사람들의 생활상 미니어처(마카오 박물관)

1803년 9월 9일

　광동성 오문(澳門, 마카오)에 닿았다. 오문은 향산현(香山縣, 샹산 현) 땅으로 서남 선박이 모두 모이는 곳이다. 여송인과 홍모(紅毛) 서양인 수만 호가 살고 있다. 땅은 좁고 사람은 많아 집 위에다 집을 올렸다. 오문에는 관청이 하나 있는데 주로 변방을 기찰하고 손님을 접대하며 상인에게 세금을 징수하는 일을 하고 있다. 나를 불러 바람을 만난 정실을 묻고 객사에 두어 몹시 성대하게 대접했다.

　조선과는 너무 다르고, 류큐국과도 또 이전에 본 필리핀과도 많이 다른 곳 마카오. 항구에는 저마다 형형색색의 각 나라 깃발을 높이 내건 거대한 선박들이 위용을 다투는 데다가, 수만 호에 이르는 집은 옹기종기 모여앉은 작고 낮은 초가나 기와집도 아니고 류큐에서 본 방식과도 전혀 다르게 층층이 쌓아 올린 형상이었다. 더구나 그 속에는 노란 머리에 코가 높다란 거인들인 홍모 서양인들이 살고 있었으니 얼마나 놀랍고 기이한 풍경이었겠는가.

1803년 가을, 문순득을 맞이하던 날 마카오의 풍경은 그야말로 아시아 속에 꽃핀 또 하나의 유럽이자 중국 남녘을 이국적 문물로 가득 물들인 작은 포르투갈이었다.

아시아의 유럽, 마카오

사실 마카오는 우리나라와도 인연이 깊다. 720년경의 한겨울, 통일신라의 승려 혜초(慧超)가 인도로 갈 때 중국을 거쳐 배를 탄 곳이 바로 마카오다. 조선에 기독교가 전파된 것도 마카오를 통해서였다. 독일 예수회 신부 아담 샬은 병자호란 뒤 청나라에 볼모로 끌려간 소현세자에게 서학을 전해주었다. 세월을 거슬러 임진왜란 시기, 조선에 들어온 최초의 신부인 포르투갈 선교사 세스페데스도 마키오를 거져서 나가사키를 경유해 조선으로 들어왔다. 최초의 한국인 사제인 김대건 신부는 1837년 마카오 파리외방전교회(1653년 프랑스에 설립된 가톨릭 해외 전도 단체) 극동 대표부에 도착해 신학 수업을 받았다.

마카오는 남중국해 유역 주장 강 삼각주의 서쪽에 있는 특별 행정구로, 중국 남부 최대 도시 광저우로 가는 남방 항로의 드센 물길을 묵묵히 지켜왔다. 아열대성 항구도시답게 사철 기후가 온화해 중국 남단 중개무역항으로 손색이 없다.

마카오는 지난 1999년 중국에 반환되기까지 400여 년간 포르투갈령에 속한 20세기 마지막 식민지다. 중국 광둥 성 샹산 현에 속해 있던 마카오에 포르투갈인들이 처음 발을 들여놓은 것은 1553년으로, 물에 젖은 화물을 말린다는 구실을 내세웠다. 4년 후인 1557년, 그들은 중국 관리들에게 뇌물을 주고 마카오반도의 거주권을 획득했다.

중국도 나름의 계산이 있었다. 남부를 괴롭히던 해적을 포르투갈 함대를 역이용해 제압하려는 의도였다. 포르투갈은 그 후 대(對)중국 무역권을 획득하는 것과 동시에 마카오의 실질적인 사용권을 인정받고, 광둥 성의 중국 관리에게서 도시 건설 허가를 얻었다.

1575년 로마 교황이 포르투갈 정부의 후원으로 마카오 관구(管區)를 설립하면서 마카오로 선교사들이 모여들었다. 선교사들을 통해 기독교 교리는 물론이고 과학 기술이 전해졌다. 이제 마카오는 동방 선교의 중심지이자 동서 문명 교류의 거점이 되었다. 장사꾼, 모험가, 선원, 이방의 땅에서 인생을 바꿔보려는 사람들까지 서양인들이 앞을 다퉈 찾아들었다. 마카오로 유럽과 서양의 문물이 모여들어 중국과 아시아 각국으로 전파되었고, 또 마카오를 통해 아시아 문물이 유럽과 서양으로 흘러 나갔다.

1887년 청나라와 포르투갈이 맺은 조약으로 마카오는 포르투갈의 합법적 식민지가 된다. 이후 1951년 포르투갈의 헌법 개정에 따라 마카오는 포르투갈의 한 주(州)로 편입되었다. 그러다가 1966년 중국에서 문화대혁명이 일어나면서 마카오의 관청과 현지의 중국인 간에 분쟁이 생겼고 1973년 3월 마카오는 자치령이 되었다. 1979년 중국과 포르투갈 간에 국교가 수립된 후 1986년 베이징에서 마카오 반환 협정이 체결되었고, 1999년 12월 20일 중국에 정식으로 반환되었다.

400년이라는 긴 세월 동안 유럽과 아시아의 문물이 들고 나는 창구 역할을 해왔기에 마카오에는 동양과 서양이 혼재한다. 전통과 미래가 함께 숨 쉬며 현실과 가상의 경계가 따로 없다. 마카오에는 수많은 문화유적지가 있는데, 그중 25개 장소가 유네스코의 세계문화유산에 등록돼 있을 정도다. 유럽과 중국, 제국과 식민의 도시, 동서의 충돌, 동서 문명의 교차로 등 곳곳에서 그런 상징들을 만날 수 있다.

가장 유럽적이라고 할 수 있는 곳은 세인트폴 대성당 유적이다. 바로크풍의 이 건물은 35년의 오랜 공사기간을 거쳐 1637년에 완성되었다. 이 성당이 세워지던 때가 마카오의 황금시대였다. 성당 외벽에는 중국의 전통과 예수회의 상징물들이 조화를 이루고 있다. 머리가 7개 달린 용, 비둘기, 예수, 성모마리아, 일본의 국화, 포르투갈의 범선, 천사와 악마 등의 부조와 조각들이 새겨져 있다. '죽을 때를 생각해 죄를 짓지 말라'는 의미의 한자도 새겨져 있다.

그런데 그 웅장한 건물은 몸체가 감쪽같이 사라지고 정면의 벽체와 지하실, 층계만 남아 있다. 1835년의 화재가 목조로 된 본체는 태워버린 채 건물의 얼굴만 남겨놓았다고 한다. 비록 정면만 덩그러니 서 있긴 하지만 이 성당은 아시아 최초의 대학이기도 했으니,

▶ 마카오 세인트폴 대성당 유적

이곳을 거쳐간 사람들과 그들이 꽃피운 학문과 열정과 기도를 지금의 위용만으로도 읽어낼 수 있다.

바다의 여신 마조

당나라 현종 시절 푸젠 성의 바닷가에 임 모라는 사람이 살고 있었다. 어느 날 그의 아내가 관세음보살에게 받은 우담바라 꽃을 먹은 뒤 태기가 있더니 딸을 낳았다. 그 딸은 총명하고 아리따운 처녀로 자라났는데 오빠 넷이 모두 바다로 나간 날 베를 짜다가 갑자기 정신을 잃고 쓰러진다.

부모가 놀라서 딸을 흔들어 깨우자 그녀는 깨어나 이렇게 말했다.

"풍랑이 거세니 바다에 나간 오라버니들이 위험해져서 도우려고 했는데, 너무 일찍 깨우셔서 그만 큰오라버니는 미처 구하지 못했습니다."

얼마 후 아들들이 돌아왔는데, 딸의 말대로 큰아들은 끝내 바다에서 길을 잃었다. 둘째 아들이 자신들이 살아서 돌아온 경위를 말했다.

"풍랑이 거세게 이는데 불현듯 신녀(神女)가 나타나 우리를 구해 주었습니다. 그런데 큰형님이 타고 있던 배는 그만 침몰하고 말았습니다."

처녀는 용한 의사도 고치지 못한 황제의 병을 고쳤고, 사람들의 앞날을 내다보는 예언을 했다. 사람들은 그 처녀 마조(媽祖)를 신으로 받들었다. 항해자의 수호신녀가 된 마조에 대한 신앙은 지금까지도 내려오고 있다.

마카오에서 가장 중국적인 공간이랄 수 있는 마조각(媽祖閣)은 16세기 초에 세워진 것으로 4층 높이의 그 신전은 아마 사원이라고도 한다. 이곳은 마카오라는 지명의 발상지로도 잘 알려져 있다.

포르투갈인이 마카오에 처음 상륙한 지점은 이 아마 사원에서 바로 내려다보이는 주장 강 어귀다. 이곳에 다다른 포르투갈인이 지명을 물어보았는데, 원주민은 사원 이름을 물어보는 줄 알고 '아마카오'라고 대답했고 그때부터 마카오가 되었다는 것이다.

마조궁 한쪽에 세워진 바위에는 앞뒤로 형형색색의 빛깔을 칠한 중국 정크선 한 척이 그려져 있는데, 이 배에는 사연이 있다. 오랜 옛날, 어느 가난한 소녀가 해변에서 광둥 성으로 가는 배를 찾고 있었다. 부자인 선주는 소녀의 간절한 청을 외면했다. 대신 어느 가난한 어부가 그 소녀를 태워주었다. 바다를 건너던 도중에 폭풍이 몰아쳤고, 다른 배들은 모두 파손됐지만 소녀를 태운 배는 아무 탈 없이 마카오에 도착했다. 그리고 말없이 사라졌던 소녀가 여신이 되어 어부 앞에 나타났고 어부는 여신이 나타난 곳에 사원을 지었다. 그 여신이 마조다.

마조 여신은 그야말로 표류의 주인공이다.

마카오에서 찾은 문순득의 표류 기록

문순득은 1803년 9월 9일에 필리핀인의 상선을 타고 광둥 성 마카오에 닿았다. 이틀이 지난 11일, 관청에서 그를 불러 조사하고 객사에 머물게 했다고 했는데 그날의 일을 기록한 문건이 마카오에 보관되어 있다. 이 문건은 문순득의 3년 2개월에 걸친 표류가 허구가 아니라 실제로 일어난 일임을 증명하는 아주 중요한 자료다.

그런데 문순득을 불러다 그 파란만장한 표류의 경위를 물어본 사람들은 누구였을까? 당시 마카오가 포르투갈 식민지였기 때문에 당연히 포르투갈인들이 문순득을 심문했을 것 같지만 그렇지 않았다. 류쉬펑 박사의 논문을 다시 보자.

같은 해(1803년으로, 문순득의 작은아버지 문호겸 등 조선 표류민 4명이 류큐선을 타고 푸젠 성을 향해 출발한 것이 3월 16일의 일이다) 8월, 마닐라에 머물던 조선인 난민 2명과 중국인 난민 25명이 마카오 상선을 타고 마카오에 도착했다. 가까운 곳에 서양의 통역사가 있어 조사하려고 했으나 말이 통하지 않았다. 샹산 현의 관리가 와서 풍랑을 만난 연유를 상세하게 물었다. 처리 원칙이 결정돼 조선 난민들은 샹산 현에 도착했고 12월에 광둥 성으로 보내졌다. 조선인 문순득 등 2명은 광둥 성에서 3개월을 머물렀다. 1804년 3월, 장시 성을 지나 장쑤 성 대운하에 들어섰다. 산둥을 지나 5월에 베이징에 도착했고, 11월 4일 조선 조공사를 만나 12월에 본국으로 돌아갔다. 3년에 걸친 표류 여정 끝에 그들은 다음 해 정월 고향으로 돌아갔다.

즉 당초에는 포르투갈인들이 문순득을 심문하려 했으나 서로 말이 통하지 않는 바람에 결국 청나라 샹산 현의 관리가 와서 문순득에게 표류 경위와 여정을 물어보았다.

그리고 당시 중국 조선 간 표류민 송환 체계에 따라 문순득과 김옥문을 조선으로 돌려보낼 대책을 세웠는데, 중국이 조선 표류민 2명을 송환하는 데 상당한 정성을 보였음을 마카오에서 찾아낸 관련 문건에서 확인할 수 있었다. 문순득도 「표해시말」에서 말하기를 마카오 관청의 사람들이 자신과 김옥문을 몹시 성대하게 대접했고, 나중에 마카오를 출발해 길을 떠날 때도 가마를 타고 이동했다고 했다.

그런데 중국은 어린아이까지 포함해 단 2명인 조선 표류민들을 본국으로 돌려보내는 데 왜 그처럼 성의를 다했을까? 그것은 동아시아 패권 국가로서 행한 일종의 광역 관리 차원으로 볼 수 있다. 표류민을 잘 대우하고 무사히 송환함으로써 자국의 영향력을 강화하고 교류 관계를 더욱 공고히 다질 수 있었던 것이다.

중국은 주변국들과의 교류 관계를 매우 중시했기 때문에 바다에서 조난을 당해 떠내려온 사람들을 확실하게 관리했다. 게다가 마카오는 광둥 성의 외부 항구이자 해외무역의 중심지였으며, 필리핀과 남쪽의 말레이시아, 동쪽의 일본과 조선으로 통하는 중국의 유일한 개방 항구였다. 따라서 당시 중국 중앙정부는 주변의 여러 나라 중 중국과 관계가 좋은 나라들에 대해 의외의 사건이 발생했을 때는 좋게 처리하게끔 지방정부에 요구했다고 한다.

청대에 마카오 지역으로 표류해 오는 이방의 표류민들은 셀 수 없이 많았지만, 그중 고려인(조선인) 관련 기록은 문순득이 유일했다. 다음은 마카오에서 찾아낸 「아오먼 청대 당안휘편(澳門淸代檔案彙編)」에 실린 '고려 난민 문순득' 관련 공문이다.

당안1

고려 난민 문순득 등이 바다에서 태풍을 만나 표류한 일을 상술하기 위해 청 왕조의 관원에게 아뢰다(1803년 10월 26일~11월 4일).

"조아려 아뢰니, 고려 조선국 전라도 나주목 우이촌 사람인 문순득 등 6인은 배를 타고 사업을 하는 사람들로 본국의 통행 문서를 갖고 있었습니다.

1801년 3월 배를 타고 출발했습니다.

10월 5일 나주목 도시촌에서 쌀 100여 섬을 사서 배에 싣고 우이촌으로 돌아오려는데, 바람 부는 것이 순조롭지 않아 11월 4일까지 기다렸다 출발했습니다.

1802년 1월 18일, 태고도 지방에 갔는데 바람이 크게 이는 것을 만나 29일까지 표류하다가 유구국 지명 외산대도 소재에 이르렀습니다.

3월 1일에 유구국 왕이 있는 곳에 갔는데, 배의 항해 중에 잃은 것을 물어 왕이 상으로 은 30원, 쌀, 채소, 물고기 2포, 고기, 옷감 1폭을 주었고, 각자 의료 치료를 받게 하달하여 병에 따라 약을 복용했습니다.

10월 7일까지 머물렀다가 배에 태워 중국에 보내려 했습니다. 생각지도 못하게 유구국 바깥의 섬에서 바람 잦기를 가디리다 15일에 배를 출발했으나, 다음 달 1일에 또 풍랑이 크게 일어 표류하다가 2명만 살아남아 여송국 소재의 일록국에 이르렀습니다. 우리 두 사람은 먹을 것을 구했습니다.

1803년 3월 16일 비로소 여송국 왕을 만났고, 다시 수개월을 더 머물렀습니다.

8월 26일, 여송 왕은 우리 두 사람을 아오먼 서양 배에 보냈고, 9월 2일에 배가 출발하여 10일에 아오먼 지역에 도착했고 12일에 아오먼 관문에 이르렀습니다.

삼가 바랍니다. 청나라 관원께서 은혜를 베풀어 살려주시기를 바랍니다."

여기서 우리는 문순득이 1802년 12월에 흑산도로 홍어를 사러 떠나기 전에 나주장에 먼저 다녀왔다는 사실을 알 수 있다. 문순득은 그해 3월 배를 타고 출발했는데, 10월 초 나주목 도시촌에서 쌀 100여 가마를 사서 돌아오려다가 바람 때문에 한 달을 기다려 11월 초에 우이도로 돌아왔다고 했다. 위의 진술 내용을 보면 문순득은 3월부터 10월까지 거의 일곱 달 동안 돌아다니면서 장사를 한 것이다.

추정해보자면 홍어가 한창 잘 잡히는 12월에 바다에 나가 홍어를 잡거나 사서 우이도에 저장해두었다가, 바람이 잦아지는 3월에 나주장으로 가서 홍어를 다른 중개상인에게 넘겼을 것이다. 거기에서 다시 또 다른 물건을 사서 다른 장에서 팔고, 이렇게 6~7개월을 전라도나 제주까지 장터를 돌아다니면서 이윤을 남긴다.

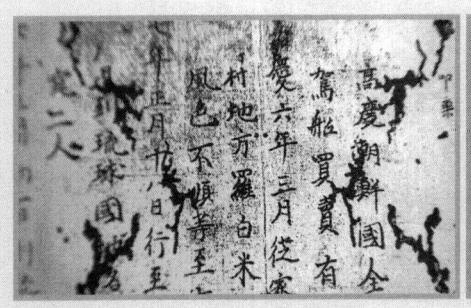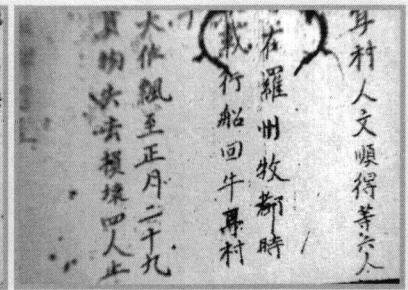

▶마카오에서 찾은 문순득 표류 관련 공문

서남해안 지역에서 추자도를 거쳐 제주도까지 가는 일은 상당히 빈번하게 이뤄졌다. 당시 순풍이 불 때 전라도 강진이나 해남에서 출발하면 하루 만에 제주도까지 갔다. 전라도 사람들은 제주 뱃길에 무척 익숙했다. 제주도 산물을 전라도에 가져와서 팔면 상당한 이문이 남았기 때문에 문순득도 제주도까지 다녔으리라 볼 수 있다. 그렇게 모인 목돈이나 물건들을 쌀과 맞바꿔서 돌아오는 것이다. 문순득도 쌀 100섬을 사서 우이도로 돌아왔다고 진술했다. 농토가 부족한 섬에서 쌀은 이문이 많이 남는 귀한 상품이었다.

'고려 난민 문순득'은 이처럼 자신이 나주장으로 장사를 다니던 일부터 태사도 앞바다에서 표류를 당해 류큐로 필리핀으로 떠돌다 마카오까지 오게 된 과정을 소상하게 진술했다. 그를 당초에 심문하려던 관리는 이목 외리다였다. 이목 외리다는 문순득이 말한 '변방을 기찰하고 손님을 접대하며 상인에게 세금을 징수하는' 업무를 집행하던 관청의 포르투갈인 관리였다. 그가 통역사를 불러놓고 문순득을 조사하려다가 말이 통하지 않아 청나라 관원이 와서 진술을 받아낸 것이다.

그 진술 내용은 청나라 샹산 현 좌당 오조진에게 보고되었다.

당안 2

샹산 현 좌당 오조진은 고려 난민 문순득을 조심스럽게 단속하면서 격문이 내려오기를 기다리라는 관방의 교지를 내렸다(1803년 11월 7일).

샹산 현 좌당 오씨는 아오먼 이목 외리다에게 다음과 같이 고지했다.

지금 해당 이목의 보고에 의하면 이달 11일 제11호 아오먼 소속 배가 소여송에서 돌아왔는데, 난민 문순득과 김옥문 2명을 데리고 와 외리다에게 맡겼다. 이 난민들의 말에 의거하면, 두 사람은 원래 고려국 전라도 나주목 사람들로 배가 바다에서 바람을 만나 표류하다 소여송 지방에서 함께 배에 탄 사람들이 모두 물에 빠졌으며 단지 이 두 사람만 구제되었고 몸에 갖고 있는 짐과 물건은 하나도 없었다. 해당 이목은 이리하여 아오먼에 이르게 된 이들을 샹산 현으로 데려와서 광둥 성에서나 혹은 편한 배를 타고 본국으로 돌아가게 해야겠다고 느꼈다는 등의 말을 했다.

이치가 맞고 아뢴 내용이 명백하니, 바라건대 장차 이 두 사람을 압송하여 본적지로 돌아가게 해야 할 것이다. 교지가 해당 이목에 이르면 즉시 난민 문순득과 김옥문을 세심히 관리하여 아오먼에서 다른 사단이 생겨나지 않게 하며, 격문을 기다렸다가 삼가 따르라. 위배해서는 안 될 것이다.

조선 표류민이 마카오에 왔다는 공문을 받고 샹산 현에서는 중국 조선 간 표류민 송환 체계에 의거해, 곧바로 문순득과 김옥문을 본적지로 돌려보내줄 것을 결정한다. 그리고 송환이 시행될 때까지 문순득 일행을 안전하게 보호할 것을 마카오 이목에게 명한다.

그로부터 또 열흘이 지났다. 조선 표류민 문순득과 김옥문 송환

처리 절차는 상당히 빠른 속도로 차근차근 진행되었다. 11월 25일에 위의 내용들과 비슷한 내용의 교지가 한 차례 더 실려 있고, 마지막으로 다음의 교지가 나온다. 샹산 현에서 마카오 이목 외리다에게 문순득 일행을 송환이 시행될 때까지 안전하게 보호할 것을 명령함과 함께 조선으로 돌려보낼 방편을 알아보는 내용이다.

당안 4

(…) 조사해보니 샹산 현에는 고려국의 배가 왕래하고 무역한 적이 없어서 마땅히 문서를 갖추어 위에 보고하여 처리했다.

이에 본 관부에서는 비준된 공문을 받들어 즉시 난민 문순득 등을 합당하게 보살피고, 아울러 이들 난민들이 어디에서 배를 얻어 타고 귀국하는 것이 편리한지 명확히 조사하여 바로 보고하라.

그리고 이 난민들을 성(省)으로 호송하여 난하이 현(南海縣)에 건네주어 받게 하고 자세한 것은 책임을 맡은 위원에게 청하여 기다렸나가 호송 문제를 처리하라.

해당 이목은 서둘러 난민 문순득 등이 어디에서 배를 얻어 타고 귀국하는 것이 비교적 타당하고 편리한지 알아보고, 즉시 현에 보고하여 상급 기관에 보고할 수 있게 하라. 지체됨이 있어서는 안 된다.

「아오먼 청대 당안휘편」에 실린 '고려 난민 문순득' 송환 관련 교지는 여기까지다. 마카오에서 찾아낸 이 자료를 통해 조선 시대에 사상 최장 기간, 최장 거리의 표류가 있었다는 사실이 증명되었다.

또 당시 중국과 조선 사이의 표류민 송환 절차가 상당히 체계적으로 이루어졌다는 사실도 알 수 있다. 샹산 현에서는 문순득 일행을 송환할 방법을 백방으로 알아보고, 배편을 이용해 광둥 성을 거쳐 난하이 구까지 보내기로 했다. 그다음 절차는 그들이 도착한 지역의 관할 현청에서 집행할 것이었다.

문순득은 표류민 송환 계획이 확정됨에 따라 마카오에 머무른 지 석 달여 만인 12월 7일, 가마를 타고 샹산 현을 향해 길을 떠난다. 샹산 현은 마카오에서 120여 리 떨어져 있었다. 그곳에서 사흘을 머물렀으며 관청에서는 문순득 일행에게 옷 한 벌씩을 내려주었다.

뱃사람의 눈을 사로잡은 조선술

문순득의 표류는 세 편의 저술이 되었다. 그 한 편은 지금 우리가 그 여정을 따라가고 있는 정약전의 「표해시말」, 두 번째는 정약용의 『경세유표(經世遺表)』, 세 번째는 정약용의 강진 수제자 이강회가 쓴 「운곡선설」이다. 문순득은 장장 3년 2개월에 걸친 표류 기간 중에 많은 것을 눈여겨보고 세밀하게 관찰했지만, 타고난 뱃사람인 그에게 가장 큰 관심사는 배였다.

그래서 류큐국부터 필리핀, 마카오에 이르기까지 그는 곳곳에서 눈에 띄는 선박들이나 자신이 타고 가는 배들을 틈틈이 관찰했다. 그렇게 보고 들은 외국 배에 관한 지식이 나중에 이강회의 손을 통해 마침내 「운곡선설」이라는 저술로 탄생한다.
 그러면 당시 조선의 배는 어떤 모습이었을까? 다음은 1797년에 조선 앞바다에 나타난 영국 군함의 함장 W. R. 브로턴이 본 조선 배들의 모습이다.

> 조선국의 소형 선박들은 중국의 배와 비슷했다. 특히 항해법이 그랬다. 일본 배와는 달리 나무를 쓰고 있었다. 이 소형선에는 돛대 두 개와 거적으로 된 돛이 걸려 있었다. 하지만 중국 배처럼 대나무로 서로 엇갈리게 하지는 않았다. 배의 한가운데에는 진흙으로 빚은 네모난 화로가 놓여 있었다. 화로에는 항상 불이 피워져 있었는데, 담배를 피우는 데 쓰려는 것 같았다. 소형선에는 중국 배의 천막 같은 덮개를 쓰지는 않았지만 거칠고 마른 풀로 만든 거적을 덮었다. 선재(船材)는 전나무였고, 정수리 부분은 참나무나 물푸레나무를 썼다.

 브로턴의 군함에는 모두 50여 명이 타고 있었는데, 코가 높고 눈이 파랬다. 거대한 몸집에 머리를 땋아 늘어뜨리고, 모직물로 만든 검은 옷을 입고 있었다. 조선어, 일본어, 중국어를 다 동원해봤지만 말이 통하지 않았다. 조선의 관리들은 이들이 표류를 당했으리라 짐작했지만 사실 이들은 태평양 탐사 항해 중 안전한 항구를 찾아 정박한 것이었다.
 브로턴은 영국으로 돌아간 뒤 이때의 항해 경험을 글로 남겼는데, 그 속에 바로 조선의 배에 대한 기록도 포함돼 있다. 돛은 거적으로 되어 있고 배 한가운데 진흙으로 빚은 화로를 두고 배 위로는 거적을 덮은, 그렇게 생긴 것이 조선 후기 우리나라의 배였다. 문순득도 이렇게 생긴 배를 탔을 것이다.

그러면 바람에 휩쓸려 떠내려가다가 열하루 만에 발견한 섬 앞에서 닻을 내렸다는 문순득의 배는 무사했을까? 해양 유물 수집가 전우홍 씨의 얘길 들어보자.

"일본의 조선 표류민 문정 기록인 『표민대화(漂民對話)』에는 조선 표류선을 보수하는 데 돛자리가 가로로 6장, 세로로 8장, 그래서 48장이 들어간다고 나옵니다. 이때 돛 한 장을 높이 1.5미터에 폭 1.2미터로 계산하면 돛대 높이가 12미터입니다. 돛대는 배 길이의 90퍼센트 정도니까 이 배의 길이는 13.5미터 정도로 추정할 수 있습니다. 이 정도 규모에는 150섬 정도 실을 수 있었습니다. 그런데 문순득의 배는 100섬이었으니 이것을 역산해보면 배의 길이는 11~12미터 정도가 되고, 앞쪽의 물레 감는 공간을 빼고 접판의 길이를 약 7미터로 봤을 때 중량이 8.1톤 정도였을 겁니다. 한편 「표해시말」에서 '바람은 줄지 않으니 키 자루가 꺾이고, 돛대를 키로 썼다'는 기록이 있습니다. 키 자루는 가시나무나 참나무 등 대단히 강한 나무로 쓰는데, 그것이 부러졌으면 선체도 분명 손상이 가서 이음매가 벌어졌거나 물이 차올라서 내내 물을 펐을 겁니다. 그렇게 계속 보수하면서 가다가 결국에는 배를 포기할 정도의 상황이 되었을 가능성이 큽니다. 일반 철선이 구멍이 나면 그대로 가라앉지만 나무는 물에 뜨니까 어느 정도 구멍이 뚫려도 물이 반 정도 찬 채로도 류큐까지는 흘러갔을 겁니다."

이렇게 허술한 배를 타고 다른 나라로 흘러갔으니 그 나라의 선진 선박 기술을 유심히 보게 되는 것도 당연했을 것이다. 특히 배에 쉽게 물이 차지 않게 하는 기술이 시선을 끌었는데, 이강회는 이에 대해 「운곡선설」에서 이렇게 썼다.

문순득은 마카오에 90일간 있으면서 자못 색다른 것을 보았다. 마카오는 많은 선박이 모여드는 곳인데, 어떤 사람이 자신의 배에 기름칠을 하는 모습을 보자니 먼저 조수가 성한 때(그믐과 보름 사이)에 배를 끌어다 비탈길 위에 올려놓았다. 반달이 되는 때에 물이 줄어 항구 아래로 내려가기 때문인데, 배를 한쪽으로 비스듬하게 누였다가 다시 다른 한쪽으로 비스듬하게 누여놓는 것은 배의 아래는 좁고 위는 가파르기 때문이다. 이리하여 수십 사람이 배 옆에 두세 개의 큰 솥을 걸어놓고, 그 안에 기름을 붓고 눈처럼 흰 송진 가루 수십 말을 섞어 약한 불과 센 불로 달인 다음 등나무 뿌리로 붓을 만들어 기름을 적셔 배에 바른다.
위에서부터 바닥까지 한쪽을 다 바르고 기름이 마를 때를 기다렸다가 조수가 성한 때 이르러 배가 일어나서 물에 뜨면, 어떤 사람이 별도로 긴 나무로 배의 한쪽에 버팀목을 대어둔다. 반달이 될 때에 이르러 물이 줄어 항구 아래로 내려가면 배를 곧 비스듬히 누여 기름칠한 곳을 모래에 붙여놓고 처음처럼 기름을 적셔 배에 바른다. 조수가 성한 때에 이르면 항구에 내려둔다.

그 사람들이 배에 바르는 기름은 필시 조선에서 쓰는 동백기름이나 들기름은 아닌 것 같았다. 물고기나 짐승 기름, 혹은 날짐승 기름을 섞어 달이는 것이다. 그래서 누린내와 비린내가 난다. 만약 모두 동백기름이나 들기름이라면 송진은 무엇 때문에 섞겠는가. 살펴보건대 그 송진을 섞는다는 것도 모두 송진만은 아닌 것 같고 다른 나무의 기름도 함께 섞었을 것이다.

틈을 메워서 배에 물이 스며들지 않게 하는 것이었다. 당시 조선의 배는 이른바 뱃밥이라 부르는 실보무라지를 널빤지 사이에 끼워서 물이 스며드는 것을 막았다. 옛날 방식을 따르는 것이긴 했지만, 이렇게 융통성이 없었으니 배가 온전할 리 없었다. 목재를 정밀하게 다듬지 못해 배에 물이나 빗물이 새어드는 것조차 막지 못했다.

이런 문제점은 당시 많은 실학자들이 지적한 점인데, 문순득도 그들과 같은 생각이었다. 그래서 한 달이 넘게 바닷가 조선소를 쫓아다니면서 마카오 배의 기름 먹이는 방법을 관찰했다. 반달이 되는 때 해변의 물이 빠지면 배를 비스듬히 눕혀놓고, 한꺼번에 수십 사람이 달려들어 커다란 솥에 기름을 끓이고 그것을 반복해서 배 위에 칠했다. 그리고 다시 반달이 되는 때를 기다려 맞은편 쪽에 똑같은 방법으로 기름칠을 했다. 반달이 되던 때 시작해서 다시 반달이 돼서 반대편에 기름칠을 마치기까지의 과정을 지켜본 것이다.

마카오의 화폐 제도와 『경세유표』

문순득은 마카오에서 이렇게 배 만드는 것을 열심히 관찰하는 틈틈이 류큐와 필리핀에서처럼 마카오 사람들의 생활 현장을 쫓아다녔다. 특히 눈여겨본 곳은 마카오의 시장이었다. 이 경험은 바로 정약용의 『경세유표』로 이어졌다.

나주 흑산도 사람 문순득이 가경 신유년 겨울에 서남 바다에 표류하여, 유구국, 영파(寧波, 닝보) 지역, 여송국, 안남국을 두루 구경하고 광동성 향산 모퉁이에 이르러 해외 여러 나라 큰 장사치를 많이 보았는데 그들이 사용하는 돈이 대개는 이와 같았다고 했다. 지금의 동전 한 닢 무게로서 은전 한 닢을 주조하여 동전 50닢과 같게 하고, 은전 한 닢 무게로서 금전 한 닢을 지어 은전 50닢과 같게 하되, 대중소 3층이 있게 하면 3종류의 금속이 총 9종류의 돈으로 되는바 참으로 구부환법(九府圜法)이라 할 수 있겠다.

『경세유표』에 나오는 내용이다. 천하의 대학자 정약용이 자신의 최고 저술 속에 일개 상인의 경험담을 인용한 것이다. 다산은 돈을 만드는 국가기관으로 '전환서'를 둘 것과 화폐 제도를 개혁해 '구부환법'을 시행할 것을 주장했다. 구부환법은 중국 주나라 태공망(太公望)이 만든 제도로, 9부는 화폐에 관련된 일을 맡은 9개의 관청을 말하며 환법은 화폐를 원활하게 운용하게 하는 법을 말한다. 구부환법에서는 모전과 자전을 사용했는데, 모전은 크기와 무게가 자전의 두 배나 되는 큰돈으로 모전 하나가 자전 몇 개의 화폐 가치를 갖는 식이었다. 책의 내용을 계속 살펴보자.

전환서란 주조소(鑄錢所, 화폐 만드는 곳)다. 옛적에 구부환법이라 한 것은 모두 돈 만드는 것을 이른 것이다. 지금 돈 만드는 일은 모두 영문(營門)에서 하는데, 그 제도가 만에 하나도 같지 않아서 혹은 크고 혹은 작으며, 혹은 두껍고 혹은 얇다. 글자가 흐릿하고 분명치 못하여 우둔한 백성은 사사로 주조한 것과 분별해낼 수가 없다. 하물며 돈 형(型)에 재료를 조합하면서 거칠고 약한 물건을 섞으므로, 손에 닿는 대로 부서져서 능히 10년을 견디어내지 못한다. 이것 또한 이용감(利用監, 정약용이 선진국의 기술을 도입하기 위해 설치하자고 제안한 관청)에서 중국의 주전법을 배워 모두 전환서에서 주조할 일이다.

(…) 지금 천하만국에 은전, 금전이 있고 그중에 또 대중소 3층이 있다. 생각건대 오금(五金, 금, 은, 구리, 철, 주석)과 팔석(八石, 주사, 웅황, 운모, 공청, 유황, 암염, 초석, 자황)은 모두 해와 달과 별의 정기가 오랜 연조를 쌓아 이에 그 모양으로 엉긴 것이다. 그러므로 한 광을 파고 나면 천 년이 지나도 회복되지 못할 터이니 이것은 한정적이기 때문에 얻기 어려운 보배인 반면, 금수(비단), 견포 따위는 고치실과 양털에서 해마다 생산되니 이것은 얻기 쉬운 물건이다. 우리나라는 해마다 금은 수천만 냥을 중국에 들여보내 금수와 견포로

바꿔 오고 있다. 이것은 한정 있는 것으로 한정 없는 것과 무역하는 것이니 어찌 국력이 소진하여 피폐하지 않겠는가. 우리의 금은이 다 없어지면 저들의 비단도 우리나라에 들여오지 못할 것이니 선명한 의복인들 어찌 능히 항상 입을 수 있겠는가.

내 생각에는 금전과 은전을 국내에 유통하면 중국에 들어가는 것이 줄어들 것이다. 또 금수와 견포를 무역으로 구하지 말고 이용감에서 비단 짜는 법을 배워다가 국내에 널리 퍼지게 하면 두루 이롭지 않겠는가. 그것을 배워 와도 능히 하지 못한다면, 해진 베옷을 입을지언정 금은을 중국에 들여보낼 수는 없다.

정약용이 『경세유표』를 저술할 당시 조선의 화폐 제도는 크게 두 가지 문제점을 안고 있었다. 첫째로 '상평통보(常平通寶)'라는 엽전의 주전소가 너무 여러 군데여서 마음대로 만들어지기 때문에 동전의 규격이 통일되지 않고 질이 담보되지 않았다. 상평통보는 1678년에 만들어져 조선 말에 신식 화폐가 주조될 때까지 근 2세기에 걸쳐 유지되었는데, 각 관청의 재정 궁핍을 구제한다는 명분으로 관청마다 동전을 만들 수 있게 허용함으로써 결국은 상당히 불량한 동전들이 거래되었다. 그래서 한 10년쯤 쓰다 보면 더는 동전 기능이 없는 무용지물이 돼버리는 일도 많았다.

둘째로 동전 한 가지로만 거래를 하기 때문에 큰 거래를 할 때는 동전의 양이나 무게가 어마어마해서 화폐로서 기능을 다하지 못한다는 문제가 있었다. 그야말로 돈이 돈답지 않았던 것이다.

이 두 가지 병폐를 고칠 수 있는 방안이 바로 '전환서'를 두어 화폐 제조를 단일화하는 것과, '구부환법'을 도입해서 화폐를 다양화하는 것이었다. 또 당시 중국과는 은화로 교역을 했는데 구부환법을 도입하면 중국으로 조선의 은이 유출되는 것도 막을 수 있었다.

　이렇게 정약용이 당시 조선의 화폐 제도로서는 혁신적인 구부환법을 구상한 배경에는 바로 문순득의 표류담이 중요한 실마리를 제공하고 있다. 문순득은 장사꾼이었다. 그래서 돈을 거래하는 데서 발생하는 많은 문제점을 피부로 느끼고 있었다. 그런데 그 답을 마카오에서 찾았다. 서양의 수많은 배가 모여드는 아시아 최대의 무역 도시 마카오의 번화한 시장에서 주고받는 돈은 조선의 질 나쁘고 무겁기만 한 동전과 완전히 달랐다. 그래서 표류에서 돌아왔을 때 그때 보고 느낀 신선한 충격을 정약용에게 알린 것이다.

　이때 정약용은 문순득의 얘기를 그냥 흘려버릴 수도 있었다. 그러나 조선의 남쪽 끝 강진에서 오랜 유배 생활을 하면서 하층 백성들의 고단한 삶을 누구보다 가까이에서 지켜본 그였다. 조선 사회의 수많은 병폐를 개혁하고 발전시킬 방안을 찾던 차에 문순득의 얘기에 귀가 번쩍 뜨였다. 그 얘기를 들려주는 이가 천한 신분의 뱃사람이라는 건 중요하지 않았다.

　이런 실학자다운 열린 자세와 학문적 연구 끝에 정약용은 결국 위에서 살펴본 것과 같은 구체적인 화폐 제도 개선 방안을 내놓았다. 상평통보라는 한 가지 동전만 있는 화폐 제도를 금전, 은전, 동전의 크게 세 가지로 나누어서 유통하자고 제안한 것이다. 또 금전,

은전, 동전의 교환 비율을 정하고, 무게에 따라 동전을 발행한다면 유통도 활발해지고 고액 거래도 편리해질 것이라고 주장했다.

이 혁신적 화폐 제도는 시행되었을까? 안타깝게도 시행되지 않았다. 결국 문순득이 3년 2개월에 걸쳐 목숨을 건 표류 끝에 얻어 온 새로운 지식과 정보는 실용화되지 못한 채 실학자 3명이 쓴「표해시말」「운곡선설」『경세유표』안에 갇혀버렸다. 귀 막고 눈 막은 채 자폐적 사상으로 자신을 가두고, 국운의 기울어짐을 외면한 조선 관료들 탓이었다.

9

그리운 고향으로

1803년 12월 7일

가마를 타고 길을 떠났다. 가마 끄는 두 사람 뒤에 각각 두 사람이 따르고 호송관이 뒤를 따랐다. 저녁에 오문에서 120리 거리인 향산현에 닿아 3일 머물렀다. 옷 한 벌을 내려주었다.

1803년 12월 11일

길을 떠나 성을 나가서 배를 탔다. 양쪽 언덕에 석축이 많고 인가가 있다. 3일 만에 광동부(府)에 닿았다.

1803년 12월 13일

총독부(청나라 때 한 성 또는 여러 성의 민정과 군정을 관장하던 지방관이 사무를 보던 곳)에 들렀다가 남해현에서 묵었는데, 대우는 오문에 미치지 못했다.

1804년 3월 17일

배를 타고 11일 동안 1,178리를 갔다. 호송관 강걸이 뒤를 따랐고 남웅부(南雄府, 난슝)에 이르렀다.

1804년 4월 5일

매령(梅嶺, 장시 성 닝두 현 북동쪽)을 넘어 가마를 타고 125리를 갔다.

1804년 4월 9일

배를 타고 4일을 가서 강서부(江西府)에 닿아 하루를 머물렀다.

1804년 4월 14일

배로 6일을 가서 남경(南京, 난징)에 도착했다. 성 둘레가 220리라 했다.

1804년 4월 20일

배로 50리를 가서 연자기(燕子矶, 옌쯔지)를 구경했다.

1804년 4월 21일

넓이 110리의 큰 강을 건넜다. 또 배로 20리를 가서 무호현(蕪湖縣, 우후)에서 묵었다. 강을 건넌 후 호수로 들어갔는데, 조거(漕渠, 배로 물건을 운반하기 위해 만든 운하)를 통해서 갔다. 현성 밖의 조거 양쪽 언덕에는 널다리를 설치했는데, 배가 지나가면 치우고 배가 없으면 설치한다.

1804년 4월 22일

배로 60리를 가서 양주부(楊洲府, 양저우)에서 묵었다. 주의 성 밖에는 주교(舟橋)를 설치하여 배가 지나가면 열어준다.

1804년 4월 23일

배를 타고 4일을 가서 삼보(三甫)를 지나다. 양주 이후에는 배가 조거를 통해서 가는데, 양쪽 언덕은 석축으로 둑을 쌓았고 둑 밖의 논밭은 모두 수평보다 수십 자 아래에 있다. 배는 모두 도랑으로 가는데, 군사들이 배를 이끌었다.

1804년 4월 26일

삼보에서 가마를 타고 육로로 5리를 가서 하회(河淮, 황허 강과 화이허 강)가 합류하는 곳일 듯싶은 사도(沙島)를 건넜다.

1804년 4월 27일

수레를 타고 300리를 가서 산동계(山東界, 산둥 지방)에 들어가다.

1804년 5월 19일

황성(皇城)에 도착했다.

1804년 5월 22일

예부(禮部)를 뵙고 곧 통사를 따라와서 고려관(高麗館)에서 머물렀다.

1804년 9월 28일

우리나라 황력재자관(黃曆賫咨官, 천문, 기상, 절기에 따른 길흉화복 등을 적은 중국 달력인 황력과 자문을 받아 오기 위해 해마다 파견한 관리)이 북경에 도착했다.

1804년 11월 4일

수레를 타고 출발하다.

1804년 11월 24일

책문(柵門, 압록강 의주 맞은편)을 지나다.

1804년 11월 27일

조선국 의주에 도착하다.

1804년 12월 16일

경도(한양)에 닿았다.

1804년 12월 30일

다경포(전남 무안)에 닿았다.

1805년 1월 1일

배를 탔다.

1805년 1월 8일

집에 도착했다.

마카오를 출발한 것이 1803년 12월 7일이었고 그날 저녁 중국 샹산 현에 닿아 3일을 머물렀으니 12월 12일에 그곳을 출발한 것이다. 그리고 나서 조선과 중국의 경계에 있는 책문을 지난 것이 이듬해 11월 24일이었으니 1년 가까운 세월을 중국 땅에서 보냈다.

마카오에서 베이징까지 이동하는 데만도 거의 여섯 달이 걸렸다. 그리고 그곳 고려관에서 조선의 사신이 올 때까지 기다리느라 또 넉 달을 보냈고, 사신 일행과 함께 조선으로 돌아갈 날을 기다리면서 또 두 달 가까이를 보내야 했다. 중국 땅에서 조선 땅으로 건너오는 길은 그리 멀지 않았다. 책문을 지나 의주에 도착하기까지 사흘밖에 걸리지 않았다. 아흐레가 지난 뒤 한양에 도착했고, 한양에시 디경포(현재의 무안군 망운면 성내리)까지 12일이 걸렸다. 그 길은 1801년 가을 정약전, 정약용 형제가 흑산도와 강진으로 유배형을 당해 오랏줄에 묶인 채 밤길을 달려 내려온 바로 그 길이었다.

하늘 아래 최초 세계 여행자, 천초

문순득이 표류에서 돌아오니 누구보다 그를 반기는 사람은 정약전이었다. 표류를 당하기 전, 문순득은 우이도로 유배되어 온 정약전을 자신의 집 가까이에 모셨다. 절해고도에 유배 와서 모든 것이 낯설기만 한 선비 정약전에게 문순득은 거센 바람을 막아주는 든든한 벽과 같은 존재였다. 비록 어리지만 총명하고 재기 넘치는 문순득은 정약전이 충분히 믿고 의지할 만한 사람이었다.

그런데 그렇게 만난 지 한 달여 만에 홍어를 사러 나간 그 젊은이가 바다에서 사라진 채 돌아오지 않았다. 동네 남정네들이 6명이나 바다에서 고깃밥이 됐으니 온 마을은 초상집이었다. 그렇게 무소식인 채 달이 몇 번씩 차고 기울면서 동네 사람들은 넋씻기굿을 했다. 갯가 사람들은 아들을 낳으면 자기 자식이 아니라 고래와 상어의 밥이라 생각한다더니 바다가 그 젊은이를 삼켜버렸구나, 이제 그 미덥던 젊은이도 영영 돌아오지 않는구나 싶었다.

그랬던 그가 돌아왔다. 바다에 나간 지 3년하고도 석 달이 지난 다음이었다. 그리고 그는 놀라운 표류담을 쏟아놓았다. 실학자 정약전에게 문순득의 표류담은 한낱 기이한 흥밋거리가 아니었다. 세상을 바꿀 수 있는 단초였다.

그때까지 조선은 소중화주의에 갇혀 있었다. 임진왜란, 병자호란을 통해 조선은 자존심에 큰 상처를 입었다. 게다가 중국 대륙에서 벌어진 명청 왕조 교체는 단순한 두 나라의 교체가 아니라, 조선의 학자들에게는 관념과 현실의 관계가 붕괴된 것이었다. 따라서 그들에게는 뭔가 새로운 사상 체계가 절실했고, 이를 위해 선택된 것은 조선 중화주의 의식의 강화였다. 손상된 자존심을 중화 우월 의식으로 보상받으려고 하는 이른바 소중화주의. 청나라도 오랑캐요 일본도 오랑캐며, 서양에 대해서는 금수(禽獸)라는 표현까지 서슴지 않았다. 명나라는 망했고 청은 오랑캐니, 오직 조선만이 유일하게 중화 문명을 계승하고 수호해야 할 사명을 띤 나라라는 의식을 강화했다.

이런 사상이 150여 년간 지속되었다. 조선은 오랑캐 나라 청이 금방 망할 줄 알았는데 청조는 망하지 않았고, 18세기 후반에 접어들면서 주변의 일본과 청나라 등은 오히려 크게 발전을 이루었다. 그럼에도 정통 주자학자들은 변하지 않고 현실을 외면하는 사이, 그 한편에서 소장파 실학자들에 의해 오랑캐라도 배울 것이 있으면 배우자는 의미의 북학이 출현했다. 정약전은 누구보다도 강하게 그런 문제의식을 느끼던 실학자였다. 영조, 정조 때의 개방적 분위기가 순조 대에 들어 보수적 분위기로 회귀하는 것도 안타까웠다. 세상을 개혁하고 싶어도 귀양 와 있는 몸이라 시도할 길이 없었다.

그런 그에게 문순득의 나라 밖 세상 구경은 무엇보다 진귀한 보물이었다. 정약전은 문순득의 경험담을 실학자답게 날짜별, 나라별, 주제별로 구분해서 깔끔하게 정리했다. 그리고 뒤쪽에는 문순득이 류큐와 여송에서 배워 왔다는 신기한 외국어들을 한글 해석까지 달아서 적었다. 그렇게 글을 마무리한 다음 표지에 '표해시말'이라 적었다. 표류의 처음부터 끝까지.

그러고 나서 정약전은 문순득에게 천초(天初)라는 자(字)를 지어 준다. 이는 우리나라 개벽 이래로 해외 오랑캐 나라를 이 사람이 최초로 보았다는 뜻이었다.

다산 선생이 지어준 아들 이름

「표해시말」 저술을 끝낸 정약전은 강진에 있는 동생 약용에게 문순득이라는 기특한 젊은이와 그의 표류담에 대해 들려주는 편지를 썼다. 그리고 편지를 문순득에게 들려서 강진으로 보냈다. 물론 정약용은 형님 못지않게 문순득의 이야기에 관심을 보였다.

손암 선생에게서 동생 다산의 이야기를 들었기에 문순득은 그가 얼마나 큰 학자인지 알고 있었다. 그런 대학자가 자신의 표류담에 흥미를 보이자, 또다시 신명나게 자신의 경험담을 풀어놓았다. 마카오의 번화한 시장에서 오가던 금전과 은전과 동전 얘기에 정약용은 눈을 빛내며 귀를 기울였다. 그러다가 그는 문순득이 갖은 고초를 겪은 끝에 살아 돌아왔고, 이제 아들까지 얻었다는 사실을 알게 되었다.

이에 정약용은 자신이 그 아들의 이름을 지어주겠다고 했다. 이런 광영이 어디 있겠는가. 정약용이 지어준 문순득의 아들 이름은 여환(呂還)이었다. 여송이라는 머나먼 나라까지 목숨을 건 표류를 하고도 건강하게 살아 돌아와 세상 사람들에게 희망을 주는 사람이라는 뜻이었다.

정약용이 이렇듯 문순득의 표류담에 귀를 기울이고 아들 이름까지 지어주며 격의 없이 어울릴 수 있었던 것은 바다와 바닷사람들에 대한 남다른 사랑이 있었기 때문이다. 저 멀리 바다 한가운데 흑산도 귀양살이를 하는 형님과 문순득, 흑산도 사람들, 자신의 유배지인 바닷가 마을 강진의 어부들 그리고 유배 생활 내내 자신을 따라준 강진 제자들이 그를 바다로 이끌었다. 그에게 섬은 더는 버려진 존재가 아니라 나라의 울타리요 보석이었다. 『경세유표』에 정약용은 이렇게 썼다.

> 별이나 바둑판처럼 벌려져 있고 작고 큰 것이 서로 끼어 있어 수효가 대략 천여 개인데 나라의 울타리다. 개벽 이래 조정에서 사신을 보내 이 강토를 다스리지 않았다. 그러므로 바닷가 고을끼리 각자 자력으로 서로 부리고 붙여서, 강한 자는 많이 차지하고 약한 자는 적게 얻는다. 한 무더기 푸른 산이 분명 고을 앞에 있는데 그 소속을 물으면 수백 리 밖의 아주 먼 고을을 말한다.

나라는 이렇게 바다와 섬과 그곳에 사는 백성들을 방치했다. 그렇게 버림받아 궁벽해진 이들을 관리들은 이중삼중으로 착취했다.

또 명목은 고을에 예속되어 있으나 실상은 딴 곳에 종속되어, 혹은 궁방(宮房)이 세금을 뜯어 갔고 혹은 군문(軍門)이나 고을 토호가 착취했다. 간사한 짓이 사방에서 나와 제멋대로 백성을 토색질한다.

정약용은 '내가 오랫동안 바닷가에 있었으므로 그 실정을 익히 알게 되었다' 했다. 그리고 유원사(綏遠司)를 세워 온 나라의 섬을 직접 관장하자고 했다. 그렇게 되면 각 고을의 현령과 관리들이 이중삼중으로 뜯어내는 혈세의 낭비를 막고, 어민들의 고통을 줄여서

'섬은 우리나라의 그윽한 수풀이니 진실로 한번 경영만 잘하면 장차 이름도 없는 물건이 물이 솟고 산이 일어나듯 할 것'이었다.

그러나 그의 꿈은 실현되지 않았다. 바다와 바닷사람들은 여전히 버림받은 존재들이었고, 섬은 다시는 살아서 돌아올 수 없는 유배지였다.

손암과의 영원한 이별

우이도 귀양살이도 죄인 정약전에게는 사치였다. 더 깊은 섬 흑산도로 가야 했다. 관리들의 감시가 그를 불안하게 했다. 우이도에서라도 마음 놓고 살 수 있었다면 「표해시말」 집필도 좀더 정성을 기울였을 것이다(문순득은 나중에 이강회를 만났을 때 당시 정공이 기거가 불안해 현산으로 옮아가려 한 까닭에 그 대강만을 취했을 뿐이라 했다).

문순득과 우이도 사람들의 만류를 뒤로하고 정약전은 흑산도로 갔다. 고립된 섬에서 그는 체념한 채 술로 나날을 보냈다. 그러나 마냥 허송세월만 할 수는 없었기에 서당을 열어 아이들을 가르쳤다.

그리고 반갑게도 흑산도에는 우이도 문순득과 같은 젊은이가 또 한 명 있었다. 장덕순(장창대)이라는 이름의 젊은이로, 정약전은 그와 함께 바다로 나가 학문적 호기심을 채웠다. 『자산어보』 서문에 그 이야기가 나온다.

나는 섬사람들을 널리 만나보았다. 어보를 만들기 위해서였다. 섬 안에 장덕순, 즉 창대라는 소년이 있었다. 두문불출하고 손을 거절하면서까지 열심히 고서를 탐독했다. 성격이 조용하고 정밀하여, 대체로 초목과 물고기와 물새 가운데 들리는 것과 보이는 것을 모두 세밀하게 관찰하고 깊이 생각하여 그 성질을 이해하고 있었다. 그러므로 그의 말은 믿을 만했다. 나는 드디어 이 소년을 함께 맞아 묵으면서 물고기 연구를 계속했다.

정약전은 흑산도 어부들이 잡아 온 생선과 아낙네들이 캔 조개와 해조류 등 바다에서 나는 모든 것을 관찰했다. 그렇게 10년이 흘렀다. 살펴보고, 묻고, 직접 해부도 했다. 눈을 감으면 그 물고기나 조개류의 모습이 그려질 듯이 선명하게 기록한 끝에 『자산어보』가 완성되었다.

푸르다 못해 검디검은 섬에서, 켜켜이 쌓이는 외로움을 백성들과 어울림으로써 털어내면서 그는 우리나라 최초의 독창적인 해양 백과사전을 펴냈다. 흑산도 인근 해역 226종의 해양생물을 망라한 그 책을 시작하며 그는 이렇게 썼다.

후세의 선비가 이를 수윤(修潤)하게 되면 이 책은 치병(治病), 이용(利用), 이치(理致)를 따지는 집안에서는 말할 나위 없이 물음에 답하는 자료가 되리라. 또한 시인(詩人)들도 이들에 의해 이제까지 미치지 못한 점을 알고 부르게 되는 등 널리 활용되기를 바랄 뿐이다.

정약전에게는 바닷가 사람들이 만들어준 또 한 편의 저술「송정사의」가 있다. 소나무 정책에 관한 개인적 견해를 적은 나라의 산림정책에 관한 논문이다.

바닷가에서는 소나무가 잘 자라는 편이었다. 그런데 섬사람들이 날마다 찾아와서 이 소나무 때문에 못 살겠다고 하소연을 했다. 당시 나라에서는 집을 짓거나 배를 만들 때면 대부분 목재로 소나무를 썼는데, 산지가 전 국토의 10분의 7에 이르는데도 소나무는 늘 부족했다. 관아는 썩어 무너지고 궁벽한 시골은 부자가 상을 당해도 시신을 관에 넣는 데 열흘이 걸리기도 하고, 평민은 돈이 없어 관을 짤 수 없으니 태반이 초장(草葬, 돌 위에 유체를 안치해 짚으로 덮어두었다가 나중에 남은 유골을 무덤에 안치하는 장례 형식)을 했다. 게다가 왜적이 가까이 있어 전쟁에 항상 대비해야 하는데 전함을 만들 목재마저 없었다.

사정이 이런데도 사람들은 산에 나무를 심기는커녕 있는 나무도 몰래 베어내서 민둥산을 만들어버렸다. 나라의 소나무 정책에 문제가 있기 때문이었다. 조정은 소나무 심기를 장려하지 않고, 탐관오리들은 별별 명목을 갖다 붙이면서 소나무 세금을 이중삼중으로 거둬들였다. 이제 소나무는 백성들에게 재산이 아니라 독충이요 전염병이 되었다. 참다못한 백성 천여 명이 한꺼번에 도끼질을 해 나무를 베어냈고, 몇 리에 걸친 푸른 산이 하룻밤 사이에 벌거숭이산이 되기도 했다.

정약전은「송정사의」에서 이에 대한 대책을 내놓았다. 백성들이 소나무를 미워하는 것은 나무를 미워하는 것이 아니라 나무에 관한 법을 미워하는 것이니, 제도를 바꾸는 것만이 대책이라 주장했다. 사람들이 저마다 기른 소나무는 개인적으로 쓸 수 있게 허용하고, 나라의 봉산을 백성에게 내주어 일정한 시기까지 잘 길러내면 상을 주고, 마을마다 공동으로 소나무 숲을 일구게 해서 그 마을에는 일정 기간 세금을 면제하고, 관련 행정을 중앙의 관청이 도맡게 해서 지방 관아가 더는 백성들의 고혈을 짜내지 못하게 하라는 것이었다.

그리고 글을 마치며 그는 이렇게 덧붙였다.

> 만에 하나 이 글로 말미암아 백성과 국가의 숨이 끊어질 지경의 다급한 상황이 해결될 수만 있다면, 비천한 신하는 궁벽한 바닷가에서 죽어 사라진다 해도 결코 한스럽게 여기지 않을 것이다.

「송정사의」는 조선 시대를 통틀어 산림에 관한 유일한 전문 저술이다. 그러나 백성과 국가의 다급한 상황은 전혀 해결되지 않았고, 결국 그토록 나라를 걱정하던 신하만 궁벽한 바닷가에서 죽어 사라졌다.

정약전은 이 글을 1804년 중동(中冬)에 썼다 했으니, 문순득이 돌아오기 한 달쯤 전이었다. 백성들의 안위와 나라 살림살이를 그렇게도 걱정하던 선비의 뜻은 메아리도 없는 공허한 외침이었다. 그는 「송정사의」와 「표해시말」을 문순득에게 맡기고, 더 깊은 섬 흑산도로 들어갔다.

그러나 이후에도 문순득은 틈나는 대로 정약전을 찾아갔다. 가까이에서 모시지 못하는 마음에 더욱 자주 배를 띄웠다.

　그렇게 지낸 지 4~5년쯤 지났을 때, 문순득은 전라 감사의 명으로 제주로 향했다. 9년 전 제주에 왔다는 표류민 5명이 아직도 고향에 가지 못한 채 제주에 있다고 했다. 말이 통하지 않아 돌려보내지 못하다가 유구 사람들을 통해 그들이 여송에서 왔다는 건 알아냈는데, 여송이라는 나라에 대해 아는 것이 없으니 돌려보낼 방도를 찾지 못했다 했다. 그러다가 전라 감사 이면응이 부임하는 길에 친구 정약용에게 들렀다가 문순득의 사연을 들었다 했다. 그러니 하루빨리 제주로 와서 그 사람들이 하는 말을 통역해달라는 것이었다.

　문순득은 그 말을 듣자마자 제주로 달려갔다. 9년 전에 왔을 때는 5명이라 했는데 그중 둘은 죽고 없었다. 마음이 짠했다. 낯설고 물설은 타국에서 불귀의 객이 된 그들의 넋은 누가 달래준단 말인가.

　남아 있는 사람들도 보기 딱하기는 마찬가지였다. 말도 통하지 않는 이방인들 틈에서 보냈을 그들의 9년 세월이 남의 일 같지 않았다. 어떻게든 고향으로 돌아가게 도와줘야겠다고 생각했다. 세 사람의 생김새나 옷차림을 보니 여송 사람이 틀림없었다. 문순득은 자신이 배워 온 여송국의 방언으로 문답을 했다. 여송국에 표류한 지 벌써 몇 년이 흘렀지만 정성과 진심을 다하니 잊은 듯했던 여송의 말들이 막힘없이 쏟아져 나왔다.

　세 사람은 9년 만에 말이 통하자 감격에 겨워 울음을 터뜨렸다. 그 모습을 보며 문순득은 자신이 표류했을 때 외국에서 받은 넉넉하고 인심 좋은 대우를 생각하며 부끄러울 뿐이었다.

결국 이 표류민들은 본국 여송으로 송환시킬 것이 결정되었고, 여송과 조선과는 직접적인 교류가 없으니 제3국인 중국을 통하기로 했다. 마침내 그 표류민들을 중국으로 보내라는 임금의 명이 내렸다. 손암 형제를 가까이에서 모시다 보니 이렇게 좋은 일도 할 수 있었다. 문순득은 손암 형제가 자신과 같은 장사꾼을 알아주고 인정해주는 것이 그렇게 고마울 수 없었다.

그러다가 1814년, 정약전이 다시 우이도로 나왔다. 아우 약용이 유배에서 풀려나리라는 소식을 들은 것이다. 흑산도는 아우가 찾아오기에는 너무 험하고 먼 길이었다. 그러나 정약용은 기다리는 형님을 만나러 오지 못했다. 큰아들 학연의 상소로 해배 명령이 내렸으나 반대파의 방해로 결국 유배에서 풀려나지 못한 것이다.

1816년 6월, 정약전은 끝내 아우의 얼굴 한번 못 본 채 59세를 일기로 숨을 거두었다. 형님의 부음을 듣고도 유배의 몸인 정약용은

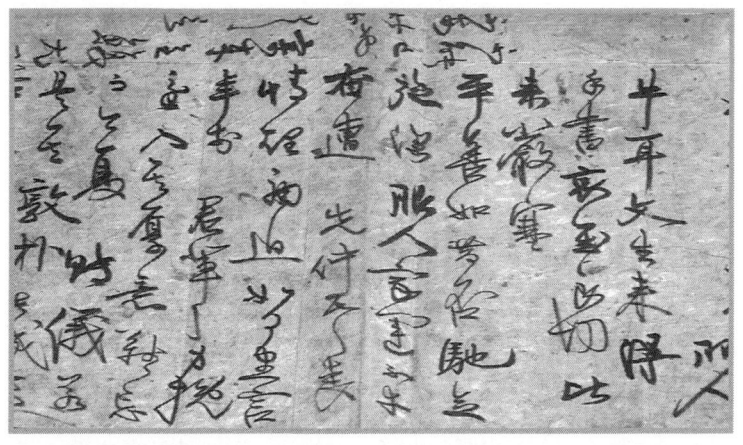

▶ 정약용이 문순득에게 보낸 것으로 추정되는 편지. 글머리의 '우이문생'을 문순득으로 추정

형님을 찾아오지 못했다. 그저 하염없이 목 놓아 울 뿐이었다.

문순득의 슬픔도 그에 못지않았다. 천하에 자신을 알아주던 유일한 분이었다. 깊고 푸른 바다를 헤치며 거칠게 살아야 하는 바다 사람이자 천한 장사치인 자신에게 그처럼 덕망 높은 분이 신분의 차이에도 아랑곳 않고 격의 없이 대해준 데다가 더 멀리 더 높게 보고자 하는 뜻까지 함께했으니, 그런 분을 어디에서 또 만날 수 있겠는가. 문순득은 정성을 다해 손암의 장례를 치렀고, 이에 정약용은 강진에서 고마움의 마음이 담긴 편지를 보냈다.

강진에서 찾아온 귀한 손님

강진에 유배된 동안 정약용은 강진의 제자들과 모임을 만들었다. 처음 강진에 내려와 읍내에서 어려운 나날을 보내던 시절 그를 찾아와 배움을 청한 제자들과, 이후 초당(草堂)으로 옮겼을 때 그곳에서 가르침을 받은 제자들까지 모두 18명으로 구성된 다신계(茶信契)라는 모임이었다.

이들은 정약용에게 제자이기만 한 것이 아니었다. 경학에서 경세학까지 이들이 없었다면 그 방대한 저술도 없었을 것이다. 그들은 단순한 제자들이 아니라 학문의 기쁨을 함께 나누는 동지였다. 정약용은 강진 시절 제자들에 관해 기록한 다신계 절목(節目)에서 제자들의 좌목(座目)을 기록했는데, 이강회와 형 이유회가 가장 처음에 배치되었다. 강진 18제자 중에 정약용은 가장 으뜸으로 이강회를 꼽았다. 정약전이 흑산도에 있을 때 정약용은 형님에게 이런 편지를 썼다.

> 오늘날 논어를 연구하지 않는 자들은 사서(四書)의 밭에 이제 더는 남은 이삭이 없다고 말합니다. 굉보(紘父) 이강회가 과거 공부를 그만두고 발분하여 경학과 예학의 학문에 몸을 돌린지라 그에게 시달리느라 안경을 쓰고 임하지 않을 수 없습니다. 그러면서 보니, 여기에도 남은 알곡이 있고 저기에도 빠진 이삭이 있습니다. 또 여기에는 미처 거두지 않은 볏단이 있고 저기에는 거두지 못한 늦벼가 있습니다. 낭자하게 흩어져 있어 이루 다 수습할 수 없을 지경입니다. 마치 어린 시절 새벽에 밤나무 동산에 나갔다가 생각지 않게 붉은 밤알이 어지러이 땅에 흩어져서 이루 다 주울 수 없는 것과 같은 지경이니 이를 장차 어찌하겠습니까?

그렇게 자꾸 자신을 괴롭히는 제자와 함께 발분망식(發憤忘食), 즉 잠자는 것도 먹는 것도 잊고 작업에 매달린 끝에 정약용은 마침내 40권의 방대한 책 『논어고금주(論語古今註)』를 완성했다. 『논어고금주』는 독창적 해석 체계를 확립한 탁월한 저술로 평가받는다. 청대의 학자들에서 일본 학자들의 연구 성과까지 두루 살펴보고, 그 중에서 택할 만한 내용은 과감하게 받아들였다.

그럼에도 다산은 미진한 부분을 발견하고 아쉬워했다. 대학자의 학문적 완성에 대한 치열함은 끝이 없었다. 물론 혼자였다면 그마저도 이루지 못할 일이었다. 강진의 18제자가 곁에 있었기에 가능했다. 경전을 열람하고 역사서를 탐색하는 자가 두어 사람, 부르는 대로 받아쓰는데 붓 달리기를 나는 듯하는 자가 두세 사람, 손을 바꾸어가며 수정한 원고를 정서하는 자가 두세 사람, 거들어 줄을 치거나 교정, 대조하거나 책을 매는 작업을 하는 자가 서너 사람이었다.

그중에서도 이강회는 더욱 특별했다. 과거 시험까지 그만둔 채 경학 연구에 매달려 쉼 없이 질문하고 다른 의견을 내놓으면서 스승을 괴롭혔다. 정약용은 곁에 이런 제자가 있어 얼마나 행복했는지 모른다. 그랬으니 형님에게 자랑삼아 이강회가 자꾸 자신을 괴롭힌다고 편지를 쓴 것이다.

이강회는 윤선도의 사위 이보만의 후손이었다. 윤선도가 완도 보길도로 은거하자 사위 이보만이 그곳에서 가까운 강진의 백운동 골짜기로 옮겨 터를 잡았다. 이보만은 이곳을 운주동(雲住洞)이라 이름 짓고 자신을 백운 처사라 했다. 운주동이란 사람이 구름처럼 정처 없이 떠다니다가 찾아와 머무른 곳이라는 뜻이다. 이강회의 호 운곡은 백운동 골짜기라는 뜻이며 유암은 그의 택호로 추정된다.

1818년에 스승 다산이 유배에서 풀려나 강진을 떠나자, 이강회는 그해 겨울 우이도에 있는 문순득을 찾아간다. 믿고 의지하던 스승이 강진을 떠나고 없는 데다가 자신도 스승의 뜻을 잇는 책을 써보고 싶었다.

다산의 형님 손암 또한 그에게는 가슴속 스승이었다. 스승이 저술 작업을 하면서 주고받을 때 보여주던 손암의 편지 내용은 구구절절이 암담한 세상을 밝히는 등불이었다. 그리고 손암이 머물던 우이도에 문순득이라는 사람이 서양의 수많은 문물과 선박을 두루 살피고 돌아와서 여러 나라에서 보고 들은 것을 마치 어제 일인 듯 기억해 쏟아놓는데 그 내용이 놀랍고 진귀한 것들이 많았으며 손암이 친히 그것들을 기록했다는 얘길 들은 적도 있었다.

　스승은 해양에 누구보다 관심이 많으셨다. 섬과 바다가 소중한 국가적 자원인데도 버려지다시피 하는 것을 안타까워하셨다. 스승은 비록 오랑캐라 해도 좋은 점이 있으면 취해서 배우자 하셨다.

　옛 성인은 천하의 백성을 구제하기 위해서 수레를 만들어 육지를 달리고 배를 지어서 바다를 건너가게 했다는데, 우리나라의 선비들은 경치 좋은 데서 유희하는 것을 목민관들의 고상한 취미로 삼는다. 동쪽 들판과 서쪽 들판이 거북 등처럼 갈라 터지고 싹이 말라도 물길을 돌려 흘려보낼 생각은 않고, 수천 년을 내(川)가 처음 생긴 그대로 내버려두었다.

　심지어 옷을 짓는 바늘 하나도 중국에서 수입해왔다. 동방 수천 리 일체 중생의 의상은 어느 하나 바늘을 쓰지 않으면 지을 수 없다. 그런데 우리 조선에는 이른바 바늘을 벼리는 장인 한 사람이 없다. 만약 중국에서 하루아침에 교역을 금지한다면 온 나라 사람들은 장차 어떻게 할 것인가.

　바늘조차도 이런 지경이니 다른 것이야 말할 여부가 있을 것인가. 그러나 누구 하나 스스로 바늘 만드는 법을 배우자고 주장하지 않는다. 그러면서도 백성들의 고혈을 빨고 지육(脂肉)을 빼앗아 윗사람을 공손히 섬기어 일신의 영화와 현달을 구하는 데는 앞을 다툰다. 흉년이라도 만나면 관리들의 관록을 줄 방도조차 없어 묵정밭과 모래땅은 물론이요 납세 의무가 없는 사람에게까지 멋대로 공물과 세금을 거두어 백성들이 사방으로 흩어져 떠돌아다니게 한다.

혹 백성을 구제하고 나라를 부유하게 할 방책이 있어 장주(章奏, 신하가 임금에게 올리는 문서)라도 한번 올려놓으면, 털을 불어 병을 찾고 공허한 데 얽어매고 없는 것을 날조하여 사헌부에서 신문하여 죄를 들추어내니, 사람들이 이런 것을 무릅쓰게 될까 두려워 침묵하다가 마침내 구제하기 어려운 병폐가 되어버렸다.

우리나라의 배를 보자. 쇠잔한 상인과 천한 장사치들이 나무를 쪼개 잇대며, 띠를 짜서 바람을 받고 짚으로 새끼를 꼬아 닻을 내리니 참으로 비루한 것이다. 전선(戰船) 또한 마찬가지였다. 배의 종류나 등급의 높고 낮음을 가릴 것 없이 옛것만 고수하느라 거칠고 가증스러울 뿐 아니라, 소홀하고 엉성하기 짝이 없었다.

왜인은 문자를 처음 우리나라에서 배웠으나, 정교하게 백물을 제조하여 문명국이 된 것은 우리가 어리석고 저들이 지혜로워서가 아니다. 그 나라법이 본디 과거와 사장(詞章, 당송 시대의 장식적인 문학)을 중시하는 것이 없고, 백년 이래로 장기(나가사키)와 살마(薩摩, 가고시마 서부)의 길이 천하의 모든 외국 항구에 두루 통하여 모든 물화와 기구, 일용품 등을 서로 더불어 교역하며 견문을 넓히고 익혀 날로 정교한 곳으로 나아갔기 때문이다.

중국에는 지혜와 덕을 갖춘 기예 있는 선비들이 대대로 끊이지 않아 정밀함을 실현하고 기교를 펴보이는 것이 신묘함에 이르러 훌륭한 배를 만들어낸다는데, 우리 선비들은 대책 없이 한산(閑山)에서의 승리(임진왜란)만 내세우면서 우리나라의 배를 훌륭하다 한다. 그러나 내 생각에는 그때의 승리는 이충무공이라는 훌륭한 장수가 있었기 때문이지, 결코 우리 전선의 성능이 뛰어나서가 아니었다. 우리 배가 훌륭했다면 원균(元均)은 어찌 그 좋은 배로 패배했단 말인가.

계속 옛것만 고수하다가는 조선의 배는 저 비루하고 거칠고 가증스럽기 짝이 없는 현실을 벗어나지 못할 상황이었다. 스승의 말씀처럼 비록 오랑캐라도 좋은 점은 취해서 배워야 했다. 우이도로 가서 서양 외국의 선박을 두루 살펴보고 돌아왔다는 문순득을 하루빨리 만나야 했다. 그리하여 1818년 겨울, 이강회는 우이도로 들어가 문순득의 집에 기거를 정하고 그곳을 현주서실(玄洲書室)이라 했다.

최초의 외국 선박 논문 「운곡선설」

문순득을 만나자마자 이강회는 외국 선박들에 대해 캐물었다. 사서삼경을 공부하면서 스승 다산을 괴롭혔듯 그는 문순득을 놓아주질 않았고, 결국 짧게는 십수일, 길어봐야 한 달 안에 「운곡선설」이 완성되었다. 남쪽 변방의 작은 섬 우이도에서 우리 해양 사상 최초의 외국 선박 논문이 탄생한 것이다.

그때 문순득은 마흔두 살로, 표류에서 돌아온 지 13년이 지난 뒤였다. 이강회는 문순득을 박지원과 박제가에 비하며 이렇게 썼다.

저 두 분과 같은 분들이야말로 또한 도를 논할 수 있다 하겠지만, 문천초(문순득)는 변방의 섬사람으로 탄환 같은 조그만 땅에서 나고 자라 눈으로 고무래 정(丁) 자도 알지 못하지만 총명함이 두루 미치어 보통 사람과 다르다. 그래서 이국에 표류하여 두루 살펴본 바를 구술하여 글로 남기게 되었다. 그러나 함께 배에 탄 여섯 사람은 한 가지도 아는 것이 없고 유독 이 사람만이 사물을 살펴보는 데 정미(精微)하여, 조그만 일 하나도 거친 마음이나 거친 눈으로 범연히 간과하지 않았기 때문에 이와 같이 시원스럽게 밝혀놓을 수 있는 것이다.

그리고 이런 일화를 소개했다.

글이 이루어질 무렵에 마을에 나무하는 사람이 물수리 한 마리를 잡아 와서 모든 사람이 모여 살펴보는데 천초가 언뜻 보고 들어와서 그 두 발톱을 자세히 살펴보았다. 그러고는 갑자기 그것을 들어 보이며 여러 사람에게 말하기를, 이 발톱을 보라, 발톱 중에서 며느리발톱과 긴 발톱이 세 모서리를 이루니(나머지는 모두 두 모서리로 되어 있었다) 새가 사납게 공격하는 것이 대개 이에 의지한다고 했다. 비로소 살펴보니 과연 그 말과 같았다. 사물을 살피는 데 유별남이 이와 같다.

그런 총명함으로 문순득은 자신이 류큐, 필리핀, 마카오에서 본 선박의 선진 기술에 대해 빠짐없이 구술했다. 어느 것 하나 버릴 내용이 없었지만, 특히 필리핀에서 마카오로 송환되는 11일 동안 탄배를 표준으로 삼았다. 어떤 배보다 훨씬 꼼꼼하게 살펴보았기 때문이다. 그러면 「운곡선설」의 내용을 일부 살펴보자.

돛은 흰 모시 베를 쓴다

무릇 돛은 흰 모시 베를 쓰는데 가로 막대를 설치하지 않고 다만 위에만 활대를 쓴다. 그래서 돛이 펴지는 형세가 과녁과 같다. 이것이 무슨 말인고 하면 활대가 없기 때문에 돛의 복판이 바람을 맞으면 반쯤 들려서 과녁처럼 되는 것이다. 그러므로 돛대를 더하면 돛 또한 그와 같고 돛대를 덜면 돛 또한 그와 같다. 바람을 살려 돛대를 더하고 덜게 되는데, 그 형세가 모두 과녁처럼 되기 때문에 배가 커도 바람을 받아 빨리 나아갈 수 있다.

무릇 돛대는 3개를 세우는데 2개는 가운데 있고, 하나는 꼬리에 있다. 작은 돛대 하나가 비스듬히 뱃머리 방면으로 붙어 있어 반쯤 누워서 세워져 있는데, 합하면 4개가 된다. 돛대를 안치하는 것은 횡격을 설치한 곳에 두며 배밑판에다 세우지 않는다.

무릇 돛대는 4~5마디로 끊어 쓰는데, 이렇게 하는 것은 더하고 덜기에 편하게 하기 위함이요 조금씩 짧게 하는 것은 올리고 내리기에 편하게 하기 위함이다. 돛대를 세울 때는 바람을 살피는데, 바람이 많으면 순서대로 돛대를 덜어내서 하나로 가고, 바람이 적으면 순서대로 돛대를 더하여 다섯 마디를 다 세우고 나아간다. 그러므로 바람의 힘이 강해도 돛대가 기울어 배를 전복시킬 염려가 없다.

삼가 살펴보건대 정교함이 지극함에 이르고 배를 띄우는 기술이 신에 가깝다.

닻을 올릴 때 거중기를 쓴다

닻은 쇠닻을 쓰는데, 무게가 수백 근에 이르러 닻을 내릴 때는 거중기를 써서 물에 떨어뜨리며 거둘 때도 거중기를 써서 배에 들인다.

닻줄을 거둘 때는 큰 나무 하나를 도르래 축에 설치해 그 회전을 맡게 하고, 그 위에 모양이 마치 맷돌 같은 공 하나를 설치해 거기 달린 손잡이를 다뤄 선복에 안치한다. 한 사람은 닻줄의 끝을 잡아당기고 한 사람은 맷돌 자루를 잡아 돌리면 축이 돌며 닻줄이 올라온다.

한 사람은 연이어 당기고 한 사람은 연이어 돌리어 개면, 잠깐 사이에 닻이 물에서 나오는데 이때 거중기를 써서 들인다. 이러한 까닭에 기관은 선복에 있고 닻을 거두는 것은 위에 있어 바깥에서 보아서는 결코 그 묘함을 알지 못한다.

삼가 살펴보건대 우리나라 전선의 쇠닻이 원래 우리가 만든 것이 아니라 외국에서 들어온 것이다. 닻 하나도 스스로 제조하지 못하는데 배는 말해 무엇 하겠는가. 이러한 법을 시험 삼아 볼 때 거칠게 만든 물레로 여러 사람이 죽을힘을 다하여 거친 숨을 내쉬고 우는 소리를 내며 그 닻줄을 끌어당기는 것이 또한 수고스럽고 고통스럽지 아니한가.

가롱을 두지 않아 배 속이 넓다

선박은 가롱을 놓지 않고 머리부터 꼬리까지 두 자를 띄워 기둥을 뱃전에 붙이고 쇠못을 사용하여 단단하게 박는다. 이러한 까닭에 배의 속이 텅 비어 넓다. 우리나라는 배가 크나 작으나 3개의 가롱을 놓아 층층이 서로를 제어하니 어긋나는 것을 방지하기 위해서다. 따라서 선박의 내부가 막혀 물건을 들이거나 내갈 때 천만 가지로 군색하다. 무릇 큰 물건을 싣지 못하는 것은 배 안에 가롱이 막혀 있기 때문이다. 따라서 배 위에 물건을 두므로 쉬이 상하고 물에 들어가면 배가 두 배나 흔들린다.

취사실은 맨 위층에 둔다

취사실은 맨 위층에 두는데, 긴 난간을 따라 좌우에 박은 벽돌로 쌓아 위에 나무 상자를 이용하여 솥을 놓고 기름회로 틈을 메운다. 위에는 소가죽을 써서 덮고 가죽에는 기름을 발라 그을음으로 더럽혀지지 않게 한다. 식사 시간에는 징을 쳐서 모여 먹는다. 뒷간은 뱃전 밖에 걸쳐 있고 좌우에 각각 한 군데씩 있다.

살펴보건대 우리 배의 취사실은 배 한가운데 있어 주방이라 이름하고 밥 짓는 사람이 불을 때면 연기와 그을음이 선복에 가득 차기 때문에 뱃사람들의 의복이 검은 귀신처럼 변하고 선복 안의 그을음이 비가 오면 축축하게 배어 나온다.

모래시계로 거리를 잰다

별도의 병 2개를 쓰는데, 일약(一龠, 한 홉의 10분의 1)들이 유리병에 곱고 깨끗한 모래를 채워 병 하나는 비워둔다. 하나를 비워두는 것은 아래로 모래가 흐르게 하기 위함이다. 무릇 배가 큰 바다에 들어서면 물 아래로 판을 던지고 곧 그 얼레를 풀어준다. 배는 앞으로 달려 나아가고 얼레는 연달아 풀어주면 물에 서게 되고 이내 배의 뒤에 있게 된다.

이에 병 2개를 써서 양쪽 병의 입을 서로 합쳐 모래가 든 병을 위에서 거꾸로 세우고 빈병은 아래에 세워 사람에게 지니고 있게 한다. 위쪽 모래가 다하면 줄을 거두어서 헤아리는데, 그 줄을 재서 모래가 다하는 사이에 배가 몇 보나 달려왔는지 알게 된다. 또다시 이와 같이 하기를 네 번, 다섯 번, 여섯 번 하여 하루에 배가 몇 리를 나아갔는지 알 수 있다.

납공으로 바다의 깊이를 잰다

배가 큰 바다로 달려 나아가면 20여 근의 납을 쪼개 둥근 공을 만들고 가운데 구멍을 뚫고 줄을 꿰어 쇠기름을 써서 공 뒤에 바른다.

그런 다음 돛을 풀어 잠시 놓아두었다가 다섯 사람이 뱃전 가에 벌려 서고 앞에 선 사람은 공의 줄을 잡는데, 사람마다 각기 수십 장씩 가지고 있다가 앞에 있는 사람이 공을 던지면 차례로 줄을 풀어준다. 줄을 나누어 풀어주는 것은 줄이 엉키지 않아야 공이 내려가는 데 막힘이 없으므로 그 떨어지는 것을 곧게 하고자 함이다. 공이 바닥에 떨어지면 거두어 그 길이를 재어 바다의 깊이를 헤아리며, 또 기름에 붙어 나온 것으로 흙의 성질을 헤아려 어떤 지방인가를 점검한다.

문순득이 말하기를 여송 사람들이 이 방법을 써서 공에 붙은 흙을 살펴보고는 박장대소하며 뱃머리를 돌려서 나아가더니, 반나절이 못 되어 망원경을 눈에 갖다 대고 살펴보고는 바닷가가 있는 것을 알고 손뼉을 치면서 또 웃고 나서 해가 채 저물기 전에 과연 많은 섬이 죽 늘어선 것이 보였다고 한다.

망원경이 있어 먼 바다를 살핀다

무릇 배가 항해한 지 며칠이 되면 배의 원로 두 사람이 망원경을 한쪽 눈에 붙이고 다른 쪽 눈은 감은 채 뱃머리와 배꼬리에 나누어 앉아 앞뒤를 헤아려 살펴보는데, 모양이 마치 화살통과 같다. 밖은 붉은 비단으로 싸고 안은 유리를 두 겹으로 붙여놓았는데 능히 삼사백 리 밖을 헤아려 볼 수 있다. 살펴보건대 이것은 망원경으로 바닷가를 헤아려 살펴보는 방법이다.

대포

배가 바다에 가까워지면 대포를 쏘는데, 대포는 모두 15문으로 뱃전 왼쪽에 5문을 두고 뱃전 오른쪽에 5문, 뱃머리에 3문, 배꼬리에 2문을 두어 한 사람이 관장하며, 해안에 닿아도 다른 사람은 감히 손댈 수 없다.

살펴보건대 이것은 해적을 막는 방법이다. 병자년 가을에 도합섬(진도 지역) 앞바다에 다른 나라 배가 와서 정박했는데, 대포를 잔뜩 싣고서 쏘아대어 대포 소리가 하늘을 들어 올리고 땅을 움직여 섬사람들이 놀라고 두려워했으나 대개 스스로 보호하기 위한 것이었다. 배 안에 금은을 많이 싣고 다른 나라에 표류하게 되면 해적들이 염려되기 때문에 대포 소리로 두려워하게 하는 것이다.

우리나라 사람들은 고루하여 전투선만 포가 있어야 하는 줄로 아니 보고 듣는 사람이 의심하며 놀라지 않을 수 없는 것이다. 그러나 중국의 배는 배마다 다 포가 있다.

배는 물에 있어야 하거늘……

배가 물에 있어야 한다는 건 당연한 일이다. 그러나 우리나라의 배는 항구에 매어두고 높이 올려놓으니 이것이 배란 말인가. 지도리(문이나 노의 축)는 돌기 때문에 좀이 먹지 않고 물은 흐르기 때문에 썩지 않는 것이 사물의 이치거늘, 우리나라에는 어찌 그리 쓰지 않는 물건이 많은가.

온 나라의 좋은 재질을 다 쓰면서 많은 재력을 소비하여 병선(兵船)을 만들고는 일찍이 한 번도 물에 띄우지 않고 한 번도 시험하지 않은 채 거적을 덮고, 키는 감추어두고, 닻줄을 거두어 닻은 뉘어놓은 채 마른 항구에 세워두고, 천 년을 움직이고자 시도조차 하지 않으니, 만약 생각지 못한 일이 생기면 이 배가 큰 바다를 출입하며 적진에 임하여 변고에 응할 수 있겠는가.

이처럼 이강회는 외국 배와 비교해서 조선 배의 결점을 구체적으로 제시했다. 이는 문순득의 표류와 그 표류에서 그가 관찰한 외국 선박들에 대한 지식이 없었다면 불가능한 일이었을 것이다.

실학의 산실, 문순득의 우이도

이강회는 「운곡선설」 말미에 이렇게 덧붙였다.

손암 정공이 그에게 자를 천초라 지어주었는데 천초라고 한 것은 우리나라 개벽 이래로 해외 오랑캐 나라를 이 사람이 최초로 보았다는 뜻이다. 표류하고 돌아온 뒤 비로소 자식 하나를 낳았는데, 자못 아비의 재기를 품부하여 사암(俟菴, 정약용) 선생이 이름 짓기를 여환이라 했다. 이 자(字)와 이 이름이면 청사(淸士)로 받들 만하다고 하며 한바탕 웃었다. 이 글은 문순득의 말에서 나오고 나의 붓에서 이루어졌다.

이렇게 문순득의 집에 머물면서 이강회가 「운곡선설」을 완성한 때는 1818년 한겨울이었다. 이강회는 이에 그치지 않고 현주서실에서 왕성한 집필 활동을 펼쳤다. 당시 조선에는 다른 나라에는 다 있는 수레가 없었는데, 그는 이 수레를 주제로 「거설답객난」과 「제거설」을 썼다. 수레와 배는 성인이 천하를 경영하기 위한 중요한 도구이건만 조선 땅에는 수레가 없고 배는 낡아서 나라 살림은 기울고, 백성들의 고통은 하늘에 닿았다. 따라서 스승이 일찍이 강조했듯 오랑캐의 것이라도 배워서 육지와 해양을 경영하는 방법을 바꾸어야 했다.

　이강회는 정약전이 쓴 「표해시말」과 자신의 「운곡선설」 「거설답객난」 「제거설」을 한데 묶어 『유암총서』라 했다. 문순득은 더없이 기뻤다. 유배의 몸으로 오긴 했지만 멀고 외로운 섬으로 조선의 대학자 손암 선생이 찾아왔고, 자신의 이야기를 직접 써서 책으로 내주었다. 그분이 떠나고 채워지지 않던 허전함을 손암 선생의 동생 다산 선생의 제자라는 젊은 선비가 멀리 강진에서 달려와 함께하며 마음을 달래주었다.

　며칠 동안 바람이 몰아치더니, 동쪽 앞바다에 중국 배가 표류해 왔다는 소식이 들려왔다. 유구, 여송, 오문으로 돌아다니면서 두루 외국 배를 구경했다. 조선으로 돌아오던 길에 중국의 운하를 지나면서 배를 타보긴 했지만, 그것은 규모가 작아서 조선 배와 큰 차이가 있진 않아 보였다. 그런데 저들이 타고 왔다는 표류선은 상당히 큰 배라 했다. 중국 배를 살펴볼 기회였다. 문순득은 한달음에 이강회를 찾아 기쁜 소식을 전했다. 그러자 이강회는 이렇게 말한다.

"우리나라는 개국 이래 외국 선박이 표류해서 해안에 다다른 일이 없는 날이 없을 정도입니다. 그럼에도 이른바 문정(問情, 표류의 정황을 심문하는 일), 양선(量船)은 한낱 껍데기의 형식에 불과하며, 이런 외국 선제의 묘법을 하나도 제대로 탐구하려 들지 않습니다. 삼면이 바다인 해국으로서 미개한 상태를 고수하고만 있으니 식자의 한탄을 어찌 그칠 수 있겠습니까?"

이강회는 문순득에게 걸음을 재촉해 흑산진장(黑山鎭將)을 따라 표류선에 올랐다. 흑산진의 옛 터는 지금도 문순득의 집 바로 가까이에 공터로 남아 있다.

> 1819년에 나는 현주서실에 있었다. 그해 2월 하순에 3일 동안 서북풍이 사납게 몰아치더니 섬사람이 보고하기를 동쪽 바다에 표류해 온 배가 있다고 했다. 진장(흑산진의 별장) 서위신이 표선으로 가서 문정을 하는 데 함께 따라갔다. 표선에 탄 선원 14명 중 오직 스훙량 한 사람이 어느 정도 글을 쓸 줄 알았다. 그나마 통달하진 못해서 내가 붓을 잡고 문답을 기록했다. 이후 여러 날 왕래해 자못 보고 들은 것이 많았다. 그런 가운데서 실용과 실천에 유익한 내용만을 대략 기록해둔다.

이렇게 우이도에서 중국 표류선을 직접 살펴보고 적은 기록이 『현주만록(玄洲漫錄)』이다. 이처럼 이강회는 문순득의 집에 머무는 2년 동안 열정적인 저술 작업을 했다.

당시 조선은 위기에 처해 있었다. 일찍이 박제가는 '현재의 법을 바꾸지 않는다면 현재의 풍속 아래서 하루 아침도 살 수 없다'(『북학의』)라 했고, 다산은 '터럭 하나라도 병통 아닌 것이 없는바, 지금이라도 고치지 않으면 반드시 나라가 망한 다음에라야 그칠 것이다'(『경세유표』)라고 했다. 현재 전하는 이강회의 저술 대부분은 1818년과 1819년 사이에 걸쳐 있다. 당시의 주요 저작 가운데 현재 전해지는 것만도 『탐라직방설』 『현주만록』 「운곡선설」 「거설답객난」 「제거설」 「방언보(方諺補)」가 있다.

문순득의 집 현주서실은 젊은 실학자 이강회가 스승을 떠나보내고 망연자실 방황할 때 그를 불러 머무르게 한 쉼터였다. 또 박제가, 박지원, 정약전, 정약용처럼 세상을 개혁하고자 하는 열정으로 가득 차 있던 조선 최고 선비들의 사상적 대를 잇는 혁신적 저술을 생산해낸 학문의 요람이었다.

▶ 문순득이 표류에서 돌아와 지은 집

문순득은 이처럼 변방의 일개 홍어 장수가 아니라, 멈춤 없는 탐험가 정신으로 세상의 지식인들에게 변혁의 화두를 던지며 역사의 변두리에서 당당하게 한 결을 차지한 인물이었다. 이후 그는 타고난 총명함과 수완으로 장사꾼으로도 성공해 많은 부를 쌓았다고 한다. 아들 둘을 더 낳아 세 아들이 장성한 뒤 나무가 부족한 섬에서 값비싼 나무를 사다가 각자 집을 한 채씩 지어주었고, 흉년이 들면 구휼미를 내놓아 가난한 사람들을 구제했다.

마침내 나라에서는 문순득에게 가선대부(嘉善大夫, 종2품)의 공명첩을 내려 그 공을 치하했다. 문순득의 후손 문채옥 씨가 이 공명첩을 소장하고 있는데, '1835년(도광 15년), 문순득을 가선대부로 임명한다'라는 내용을 담고 있다. 이는 또한 문채옥 씨가 소장하고 있는 또 다른 자료인 지도군 호적에서도 볼 수 있는데, 1897년 2월(건양 2년) 초대 지도 군수 오횡묵이 발행한 호적이다. 이 호적은 우이도 문광길의 것으로 당시 38세인 그의 조부가 가선대부 문순득으로 기록되어 있다. 1896년 지도군이 신설되면서 군수로 부임한 오횡묵이 그 이듬해 발행한 것으로 추정하고 있다.

현재 문순득의 묘는 해남군 화산면 봉지리에 있으며 시제일은 음력 10월 15일이다.

◆ 참고 자료

· 단행본

고동환 외 『다시, 실학이란 무엇인가』(푸른역사, 2007)

국립해양유물전시관 해양유물연구과 『우이도』(국립해양유물전시관, 2009)

김갑수 『오백년 동안의 표류』(어문학사, 2008)

김만선 『유배』(갤리온, 2009)

김봉옥 편역 『옛 제주인의 표해록』(전국문화원연합제주도지회, 2001)

김연수 『청춘의 문장들』(마음산책, 2004)

김영원 외 『항해와 표류의 역사』(솔, 2003)

박천홍 『악령이 출몰하던 조선의 바다』(현실문화, 2008)

손택수 『바다를 품은 책 자산어보』(아이세움, 2007)

스티븐 캘러핸 『표류』(황금부엉이, 2008)

양승윤 외 『필리핀』(한국외국어대학교출판부, 2007)

이강회 외 『운곡잡저』(신안문화원, 2004, 2007)

이원식 『한국의 배』(대원사, 2003)

이태원 『현산어보를 찾아서』(청어람미디어, 2003)

임형택 『문명의식과 실학』(돌베개, 2009)

장한철(김지홍 옮김) 『표해록』(지식을만드는지식, 2009)

정민 『다산선생 지식경영법』(김영사, 2006)

정성일『해남 대둔사 승려의 일본 표착과 체험(1817년~1818년)』(경인문화사, 2009)

정수일『한국 속의 세계』(창비, 2009)

정약전, 이강회(김정섭, 김형만 옮김)『유암총서』(신안문화원, 2005)

정운경(정민 옮김)『탐라문견록, 바다 밖의 넓은 세상』(휴머니스트, 2008)

주희춘『제주 고대항로를 추적한다』(주류성, 2008)

최덕원『남도의 민속문화』(밀알, 1994)

최부(김찬순 옮김)『표해록』(보리, 2006)

최형국『친절한 조선사』(미루나무, 2006)

하우봉 외『조선과 유구』(아르케, 1999)

한승원『흑산도 하늘길』(문이당, 2005)

한일관계사학회『조선시대 한일 표류민 연구』(국학자료원, 2001)

한일관계사학회『한일관계사의 양상』(국학자료원, 2000)

· 논문

강봉룡「해양인식의 확대와 해양사」(역사학회, 2008)

김경옥「19세기 초 문순득의 표류담을 통해 본 선박 건조술」『역사 민속학 제24호』(2007)

안대회「다산 제자 이강회의 이용후생학―선설, 차설을 중심으로」『한국실학연구 10』(한국실학학회, 2005)

劉序楓「淸代檔案與環東亞海域的海難事件硏究」(淸代檔案國際

學術硏討會, 2006)

유서풍 「근세 동아해역의 위장표류사건」 『동아시아문화연구 45』(한양대학교 동아시아문화연구소, 2009)

윤명철 「표류의 발생과 역사적인 역할에 대한 연구―동아시아 해역을 배경으로」(동아시아고대학회, 2008)

이홍식 「조청 지식인의 우연한 만남과 사적 교류―이해응의 『계산기정』을 중심으로」 『동아시아문화연구 47』(한양대학교 동아시아문화연구소, 2010)

임형택 「다산학단에서 해양으로 학지의 열림―이강회의 경우」 『대동문화연구원 제56집』(성균관대학교 동아시아학술원 대동문화연구원, 2006)

정성일 「전라도 주민의 일본열도 표류 기록 분석과 데이터베이스화」 (국사학회, 2003)

하우봉 「해양사관에서 본 조선시대의 재조명―동남아시아 국가와의 교류를 중심으로」 『일본사상 제10호』(한국일본사상사학회, 2006)

· 신문 및 웹사이트

「강진신문」 '표류의 역사를 따라서'

「한라일보」 '표류의 역사, 제주'

권경안 홍어 이야기, tblog.chosun.com/namdo

다산연구소, www.edasan.org

사행록 역사 기행, saheng.ugyo.net

신안문화원 향토사 연구-신안향토사료지, sinanculture.net/work

조선왕조실록, sillokhistory.go.kr

최성환의 해양문화 연구실, sh.histotycontents.net

표해록, pyohaerok.culturecontent.com

· 기타

김정섭「흑산도와 유배의 삶」(신안문화 제13호 '흑산도 문화 탐방', 2003)

이훈「조선 후기 연안 주민의 일본 표착과 조일 교류—전라도인을 중심으로」(한중일 국제학술세미나, 2008년 4월 11일)

최성환「표해록의 후손 문채옥 씨를 찾아」(신안문화 제13호, 2003)

홍어장수 문순득, 조선을 깨우다

1판 1쇄 2010년 12월 15일
1판 2쇄 2020년 3월 15일

기　　획　페이퍼100
지 은 이　서미경
감　　수　정성일

발 행 인 주정관
발 행 처 북스토리
주　　소 경기도 부천시 길주로 1 한국만화영상진흥원 311호
대표전화 032-325-5281
팩시밀리 032-323-5283
출판등록 1999년 8월 18일 (제22-1610호)

이 메 일　bookstory@naver.com

ISBN 978-89-93480-62-7 03900

※잘못된 책은 바꾸어드립니다.

이 도서의 국립중앙도서관 출판시도서목록(CIP)은 e-CIP 홈페이지
(http://www.nl.go.kr/ecip)에서 이용하실 수 있습니다.
(CIP제어번호 : CIP2010004271)